中國社會科學院歷史研究所藏甲骨墨拓珍本叢編（第一輯）

宋鎮豪 主編　馬季凡 編纂

殷虛書契四編

戊子孟夏 商衍瀛署

上海古籍出版社

本書爲二〇一七年國家古籍整理出版專項經費資助項目

目　　録

序 ·· 宋鎮豪（ 1 ）

凡　例 ·· （ 1 ）

《殷虛書契四編》拓本 ·· （ 1 ）

《殷虛書契四編》拓本補充 ·· （ 49 ）

《殷虛書契四編》釋文 ·· （ 61 ）

《殷虛書契四編》整理説明 ·· （ 75 ）

檢索表 ·· （ 95 ）

　　一　《殷虛書契四編》材料來源表 ·· （ 97 ）
　　二　《甲骨文合集》《甲骨文合集補編》補充、糾正表 ······················ （102）
　　三　《殷虛書契四編》甲骨綴合表 ·· （106）
　　四　甲骨著録書、拓本來源簡稱表 ·· （108）

序

　　殷墟甲骨文是地下出土中國最早的成文古典文獻遺産，傳承着中華文化的基因，從1899年發現至今，經海内外學者們120年來前赴後繼的探索，個中反映的殷商文化奧秘逐漸揭開，甲骨學嶄然成爲一門舉世矚目的國際性顯學。甲骨文出土材料流傳不廣，能接觸揣摩的更不易，墨拓甲骨片遂成爲方便傳播甲骨文物影像的複製品，是重建中國上古史，透視三千年前殷商社會生活景致，尋繹中國思想之淵藪、中國精神之緣起、中國信仰之源頭、中國傳統文化特質與品格之由來、中國藝術美學之發軔的最真實的素材。

　　中國社會科學院歷史研究所先秦史室是甲骨文研究重鎮，藏有大批甲骨文拓本集，其來源相繫於建國初製定"國家十二年科學發展遠景規劃"中列爲歷史學科資料整理重點項目《甲骨文合集》的編輯，得益於當年"全國一盤棋"，受惠於全國文博考古科研教學各界的無私襄助，以及海内外許多收藏家的饋贈捐獻或轉讓。我們近年在編纂《甲骨文合集三編》的過程中，發現有相當一批甲骨文拓本集爲當年《甲骨文合集》及後來的《甲骨文合集補編》所漏收。有的甲骨文拓本集，《合集》與《合補》僅僅選用了其中少量拓片，有的拓本集甚至根本没有被采選。今檢此批編餘的甲骨文拓本集，許多都是上世紀五六十年代以前更早時期的拓片，而其甲骨實物有的早已下落不明，有的雖知下落，甲骨却已經破碎不全，遠不及早期拓本完整，史料價值相應降低。此批拓本集中，不少屬於海内外難見的珍本或孤本，學界尋覓已久，是唯一性的，有新材料的文物價值和古文字與古史研究的重要學術價值。但因此批甲骨文拓本集塵封已久，紙張破碎零落，需要進行搶救性破損修復和有序保護整理。

　　2011年中國社會科學院歷史研究所創新工程項目啓動，由我主持的"歷史所藏甲骨墨拓珍本的整理與研究"被批准爲其分項目之一，也可以說是因於國家社科基金重大課題《甲骨文合集三編》編輯的前緒而設立的。主要創新點是立足於甲骨文物遺産整理保護、科學研究、學術史追蹤、文化傳播及歷史教育之目的，擴大視野，探賾索隱，深入挖掘每宗甲骨文資料的原始信息及其學術史價值，在項目實施中，配合甲骨學科建設並加強中青年專業人才的歷練。目標任務是編纂完成"中國社會科學院歷史研究所藏甲骨墨拓珍本叢編"，計劃精選十餘種，進行搶救性破損修復，分批整理，儘量保存原貌，數字化存檔，追蹤甲骨源流，辨析甲骨真僞，鑒定材質，區分組類，斷代分期，綴合殘片，考釋文字，解析文例，詮釋史料，最終以叢編單册形式出版，爲甲骨學和殷商史研究提供一批經過專業水準編纂的甲骨文著録書。

　　《殷虛書契四編》原稿，是中國社會科學院歷史研究所收藏的一部甲骨拓本集，共分兩册。册頁係宣紙對折，高27.5釐米，寬19.5釐米，絲綫裝訂上下各一扣。裏封有雙綫框，框高18

釐米,橫寬 12.8 釐米,書題《殷虛書契四編》,落款爲"戊子孟夏,商衍瀛署"。原甲骨拓本貼在每頁正面,一頁貼一至兩片,反面白頁。第一册四十二頁,有甲骨拓本 68 片;第二册四十八頁,有甲骨拓本 64 片。計凡 130 片(正、反合算一片),後又加附一片缺號。

《殷虛書契四編》原稿(以下簡稱《四編》),是羅福頤先生於 1948 年前後,踵其先父雪堂羅振玉先生的前緒,擇其購藏所得及若干友人藏品,按《殷虛書契》《殷虛書契後編》《殷虛書契續編》體例的續作。商衍瀛先生正楷特爲題署於"戊子孟夏",戊子是 1948 年。商衍瀛(1869—1960),字雲亭,號蘊汀,廣州駐防漢軍正白旗人,後籍廣東番禺,光緒時二甲第十八名進士,授翰林院侍講兼京師大學堂預科監督,散館授編修,歷官秘書郎,工書法。1965 年羅福頤先生將成稿的《四編》捐給中國科學院(今中國社會科學院)歷史研究所,以提供《甲骨文合集》編輯之用。我們在《四編》稿本中,發現 12.7×7.8 釐米片紙一張,有著名甲骨學家胡厚宣教授手書:"羅福頤。上 68,下 64,共 132 片。於《四編》:凡拓本上有鉛筆點者,即著錄的京津集、北圖、北大、廣博、曾拓。"北圖即今國家圖書館,廣博指廣州博物館,曾拓指曾毅公拓本。今知《四編》原稿所收甲骨近半數現藏國家圖書館,歷史所也曾從北京琉璃廠古玩肆購得 50 多片羅福頤原藏品(參見《中國社會科學院歷史研究所藏甲骨集》宋鎮豪《前言》,上海古籍出版社 2011 年版。又羅琨《殷虛書契四編》新編本《後記》,《殷虛書契五種》下册,中華書局 2015 年版),此外,還有少許後歸了北京大學、北京師範大學、故宮博物院、重慶三峽博物館和中國國家博物館。

《四編》原稿的甲骨拓本經《合集》《合補》先後采選揭取,已殘缺不全,僅存 70 片不到,此次整理復原,是儘可能從原采選記錄及其他保存的有關原拓資料中加以提取,由於年代已久,個別不詳者祇能缺如矣。今仍按原稿順序編輯,甲骨釋文還包括辨析材質、鑒定真僞、分期斷代、著錄概況、綴合信息等幾項内容。《四編》原拓資料搜匯復原、整理說明及檢索表等均由馬季凡女士統其成。

《殷虛書契四編》作爲"中國社會科學院歷史研究所藏甲骨墨拓珍本叢編"之一種,在向學界提供一部塵封已久的甲骨文著錄書之際,謹以紀念甲骨四堂之一上虞雪堂羅振玉先生及其哲嗣羅福頤先生兩代人曾經爲甲骨文的收藏、整理、傳播和研究所作出的貢獻,亦用以紀念甲骨文發現 120 周年,希望能夠爲甲骨學與殷商史研究增添助力。上海古籍出版社吳長青副總編、顧莉丹主任、石帥帥編輯爲本書出版付出不少辛勞,誌此申謝!期盼讀者批評賜正。

宋鎮豪

於中國社會科學院歷史研究所
甲骨學殷商史研究中心
2019 年 6 月 13 日

凡　　例

一、《殷虚書契四編》爲羅振玉原藏，今再行整理編纂，分爲甲骨拓本、釋文、整理説明、檢索表四部分。

二、甲骨拓本共分兩册：第一册四十二頁，收甲骨拓本68片；第二册四十八頁，收甲骨拓本64片；合計132片（正、反各算一片）。

三、此批甲骨拓本在《甲骨文合集》編輯時，曾將兩册統一編次，序號爲1—130號（正反占一個號），本書延用該編次。後附一片缺號拓本。

四、本書增補部分漏缺甲骨拓本反7片、正1片：12反、91反、93反、96正、99反、101反、111反、117反。

五、本書附録補入部分完好拓本：2、16、20、39、45、50、75、79。

六、四編之原本情況及有關甲骨拓本殘缺或補入正反拓本等信息，詳見整理説明。

七、本書檢索表包括：《殷虚書契四編》材料來源表，《甲骨文合集》《甲骨文合集補編》補充、糾正表，《殷虚書契四編》甲骨綴合表，甲骨著録書、拓本來源簡稱表。

《殷虚書契四編》拓本

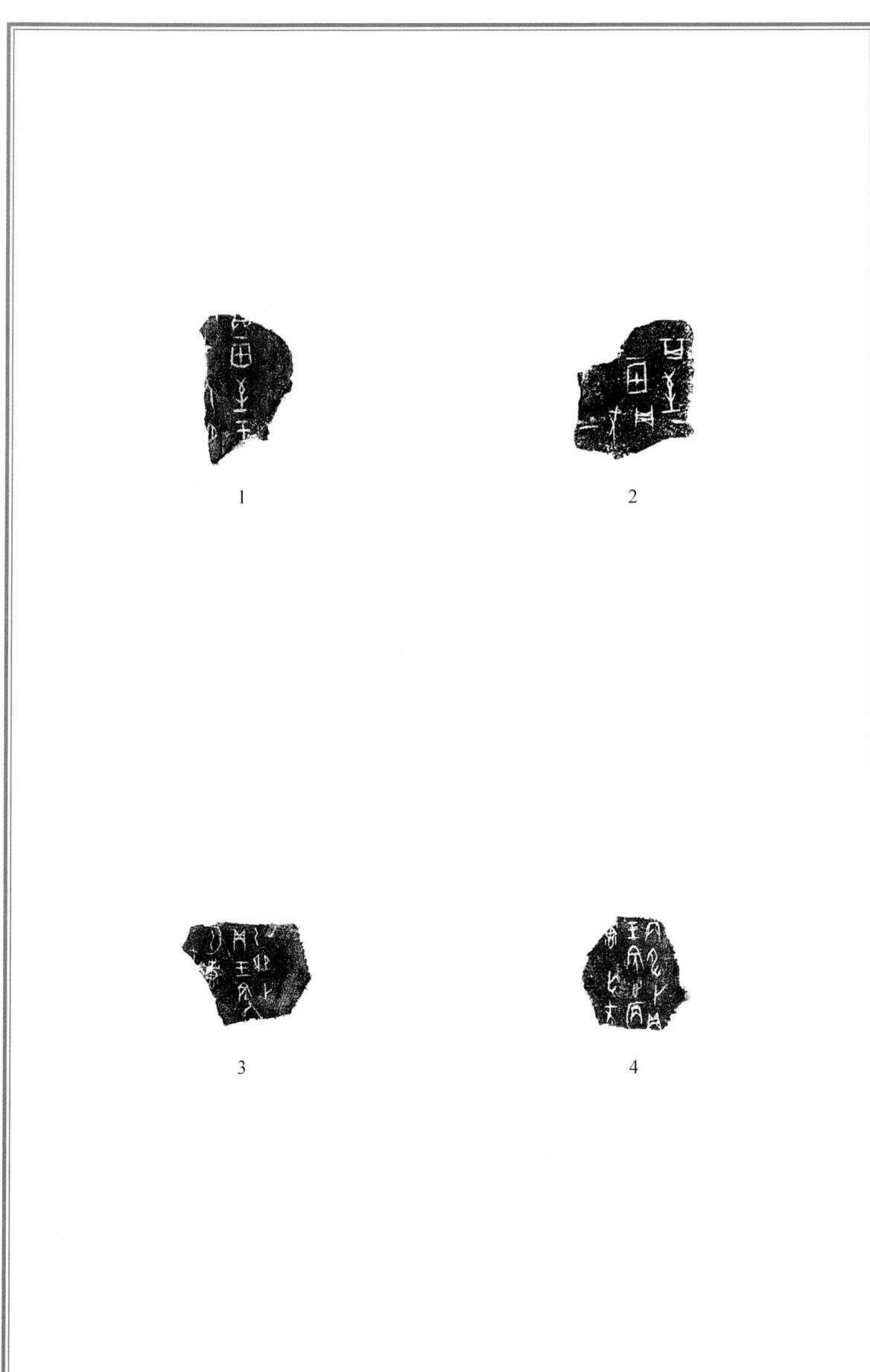

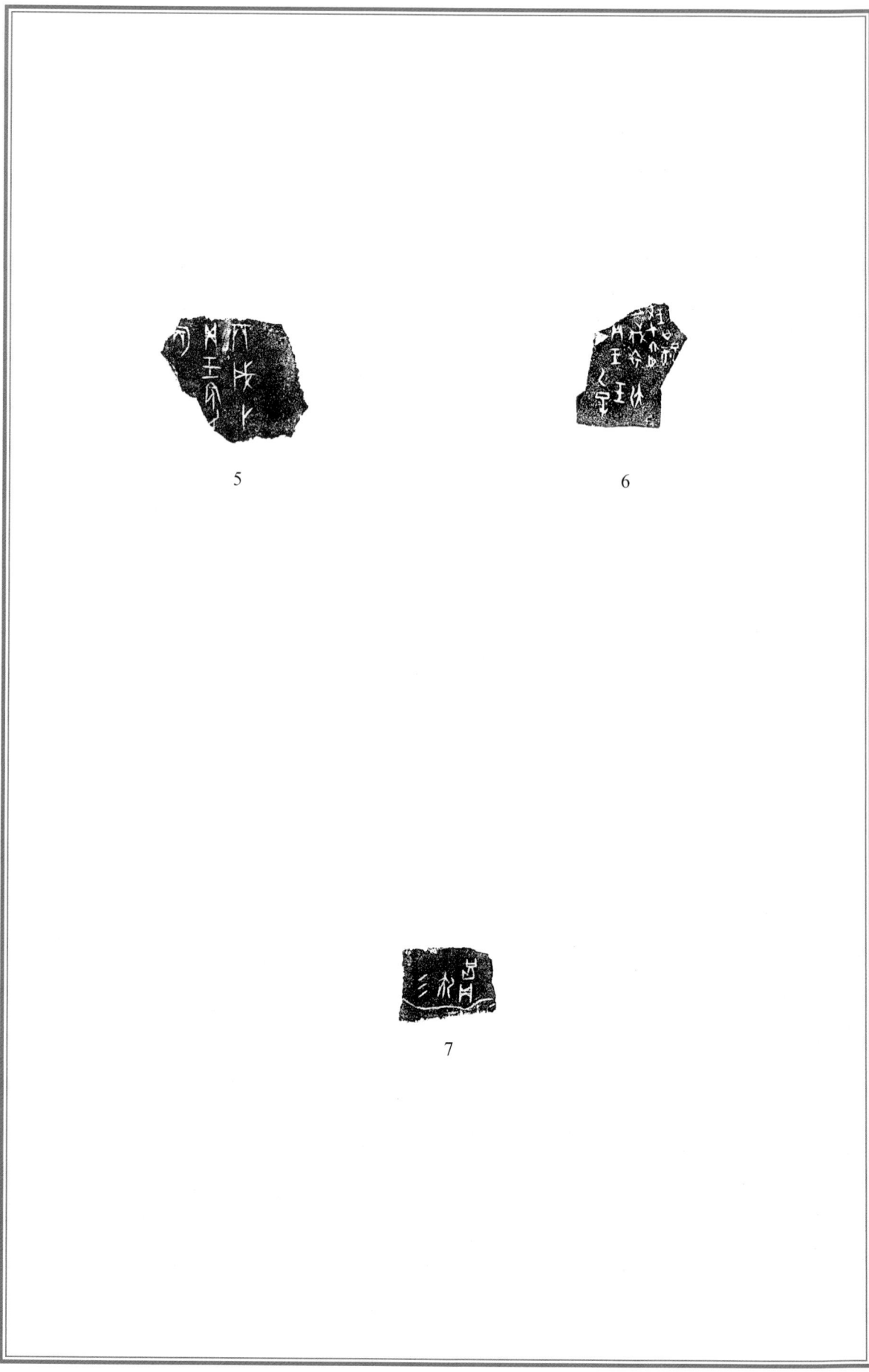

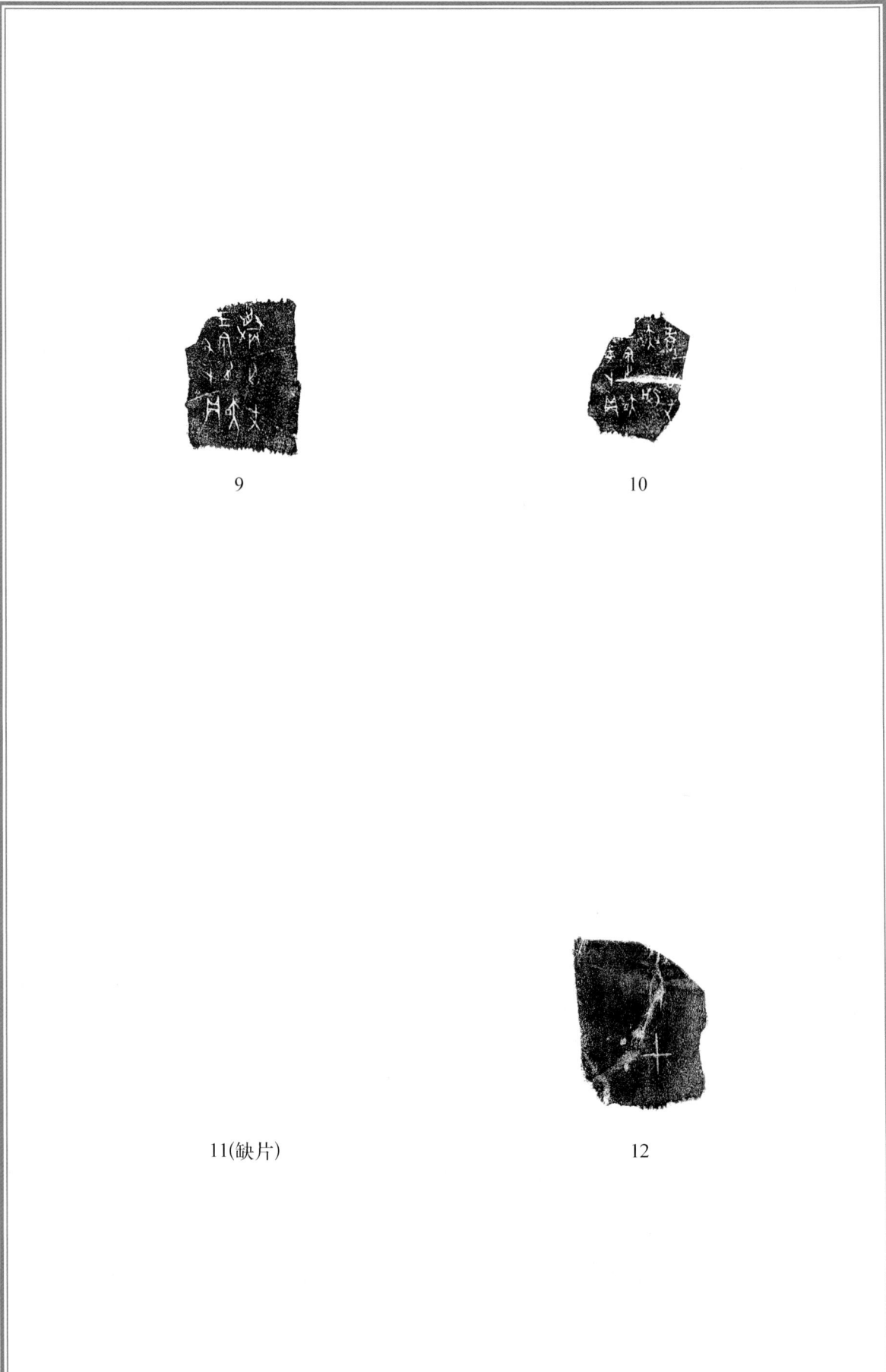

9   10

11(缺片)   12

13

14

15

16

17

18

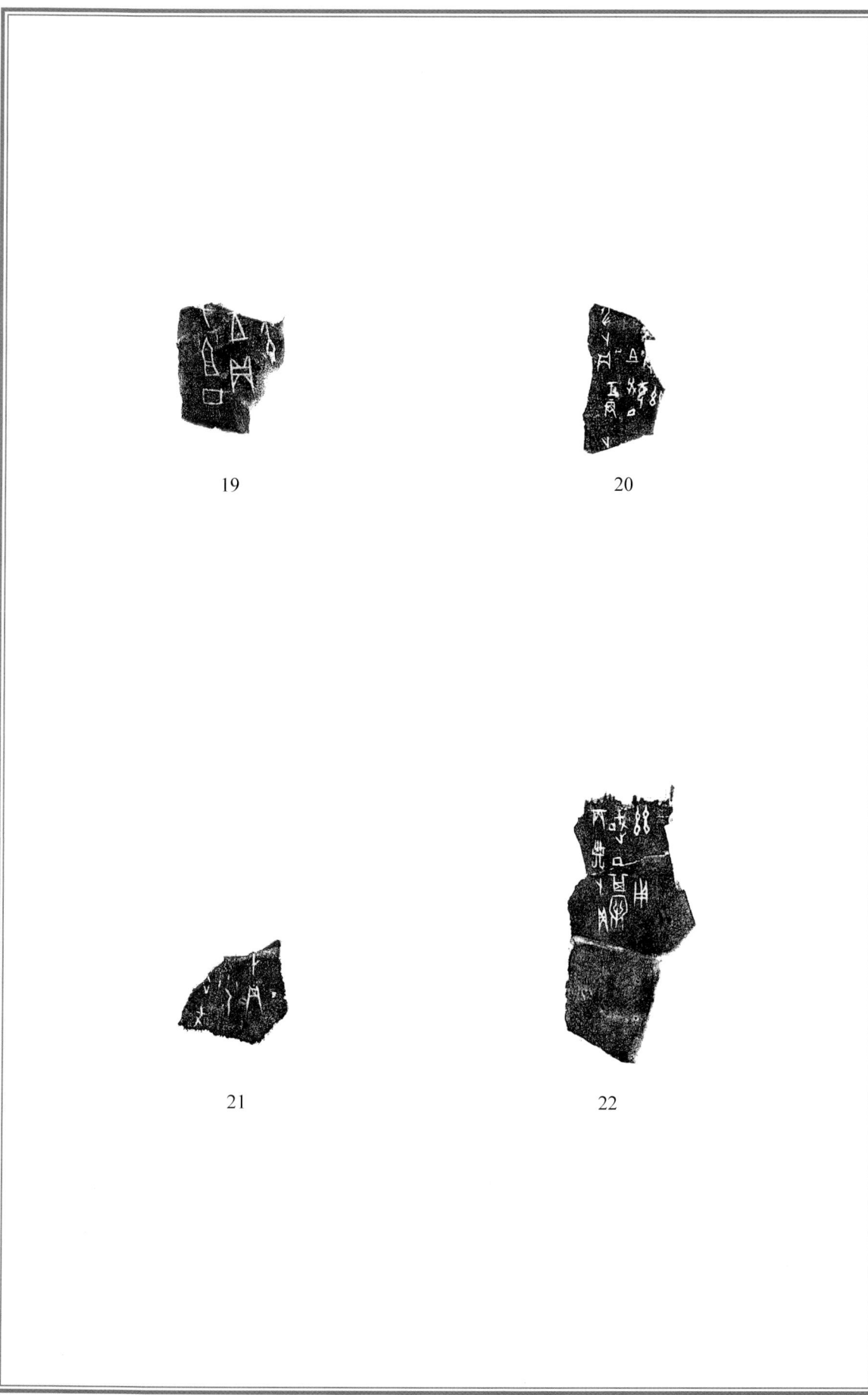

19　　　　　　　　　20

21　　　　　　　　　22

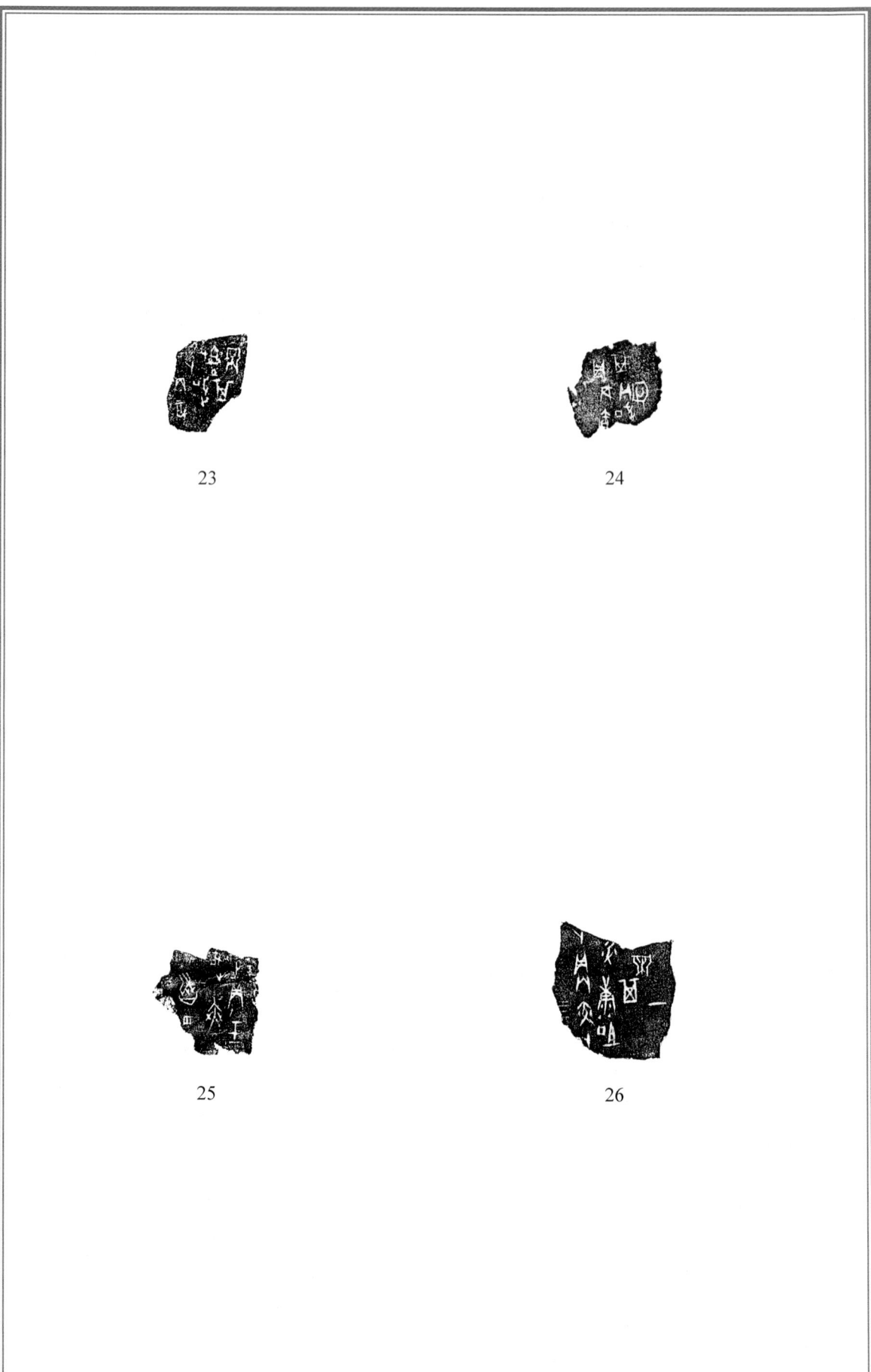

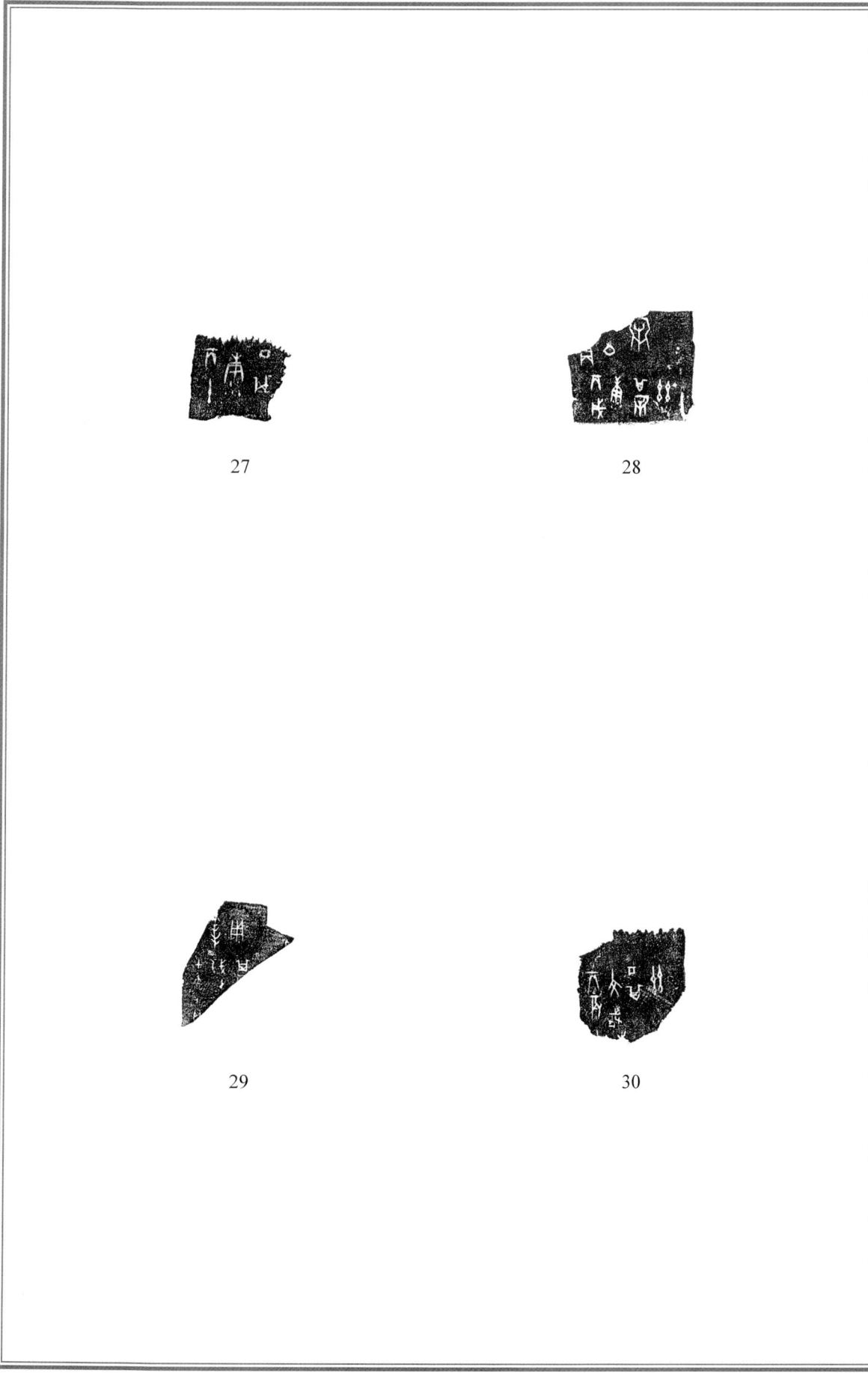

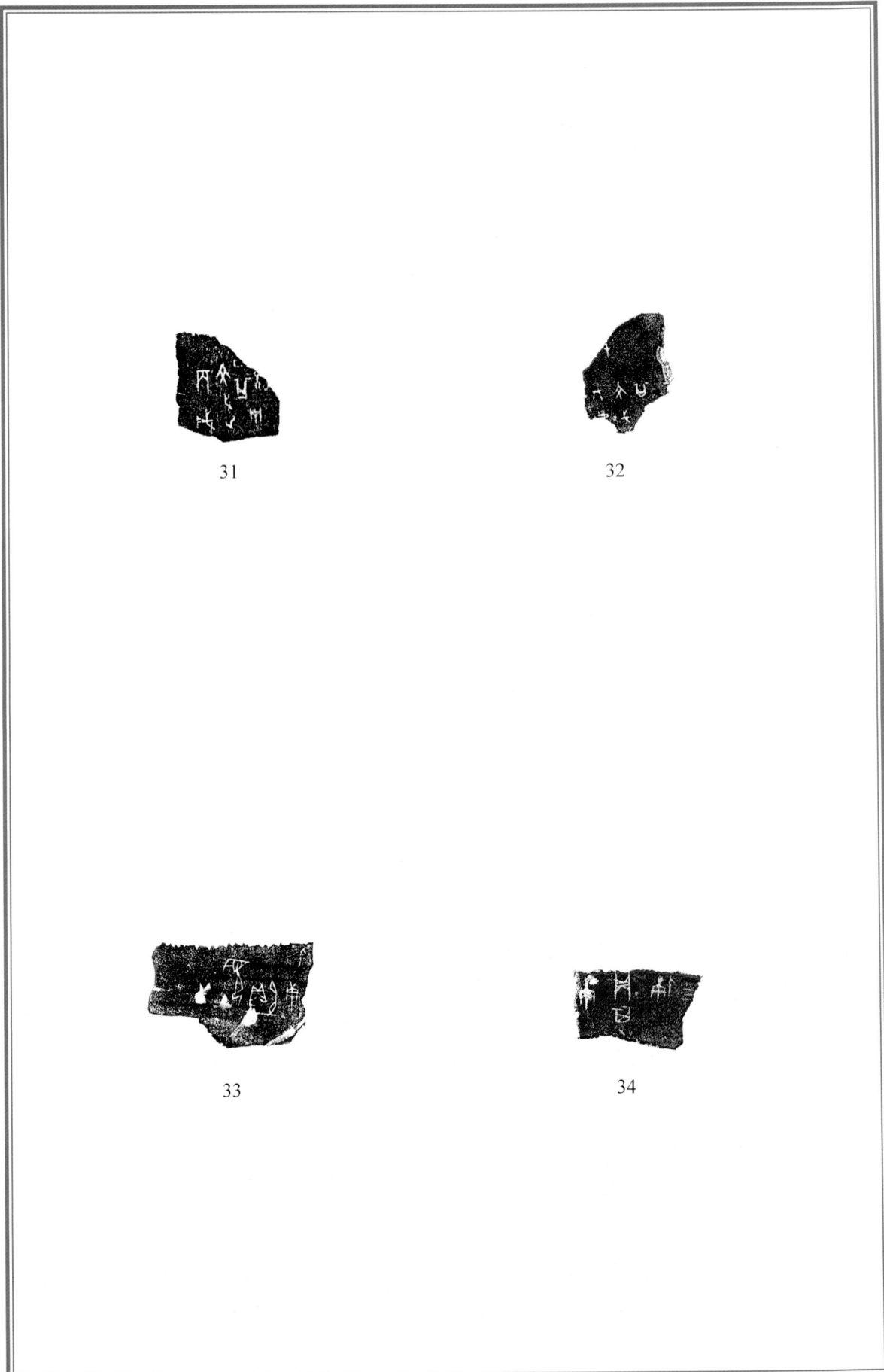

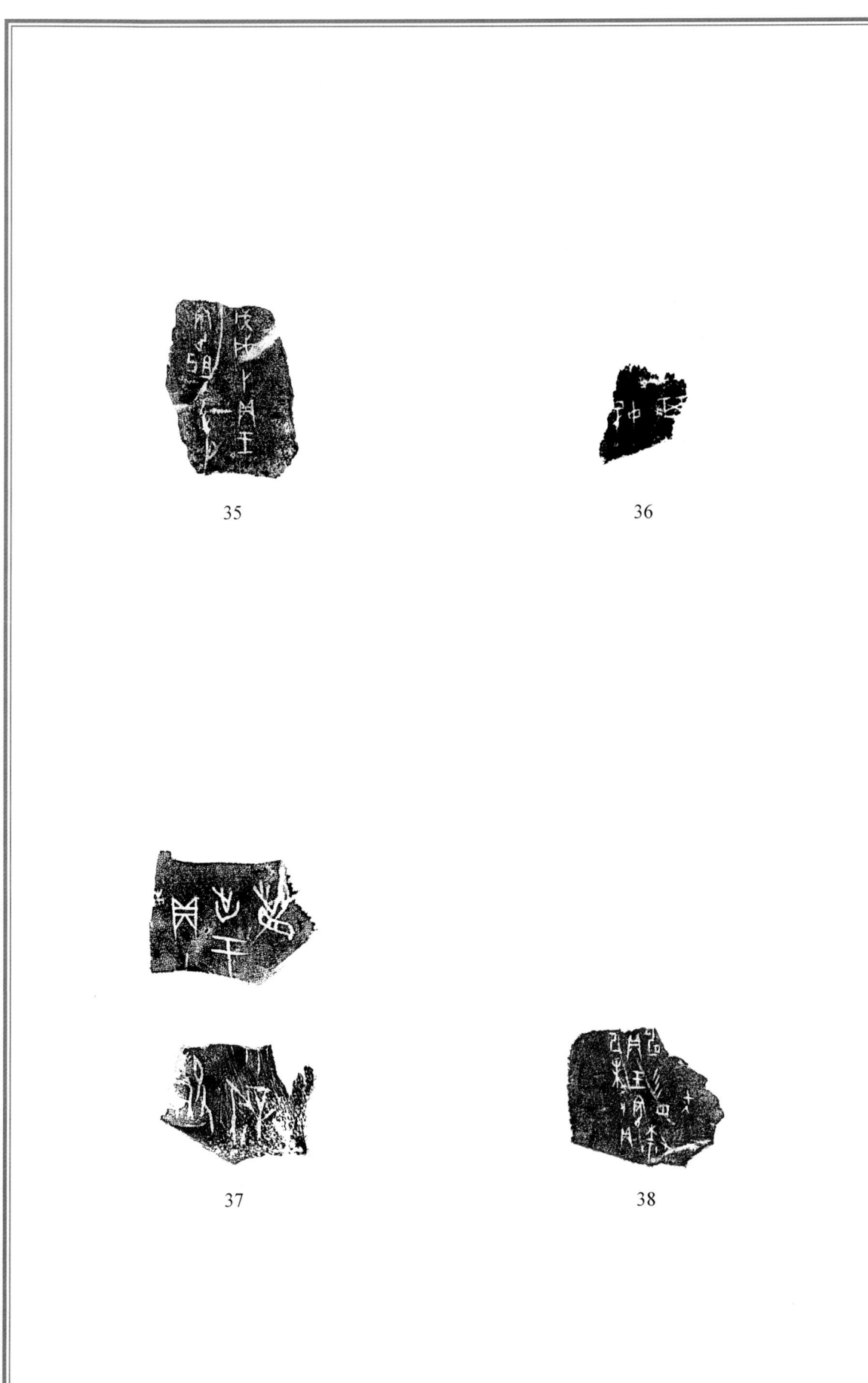

39

40

41

42

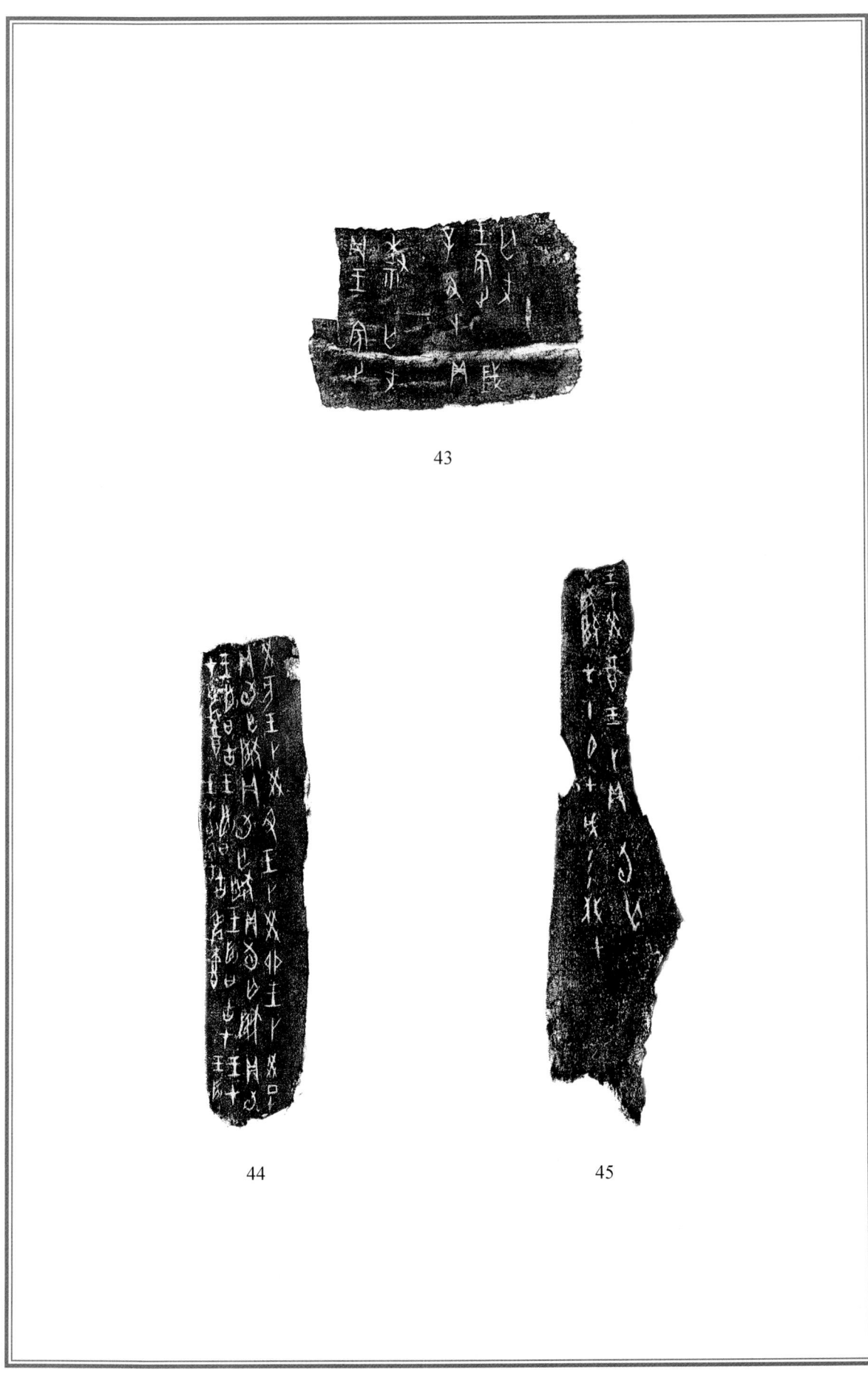

43

44 45

46

47 48

49(缺片)   50

51   52

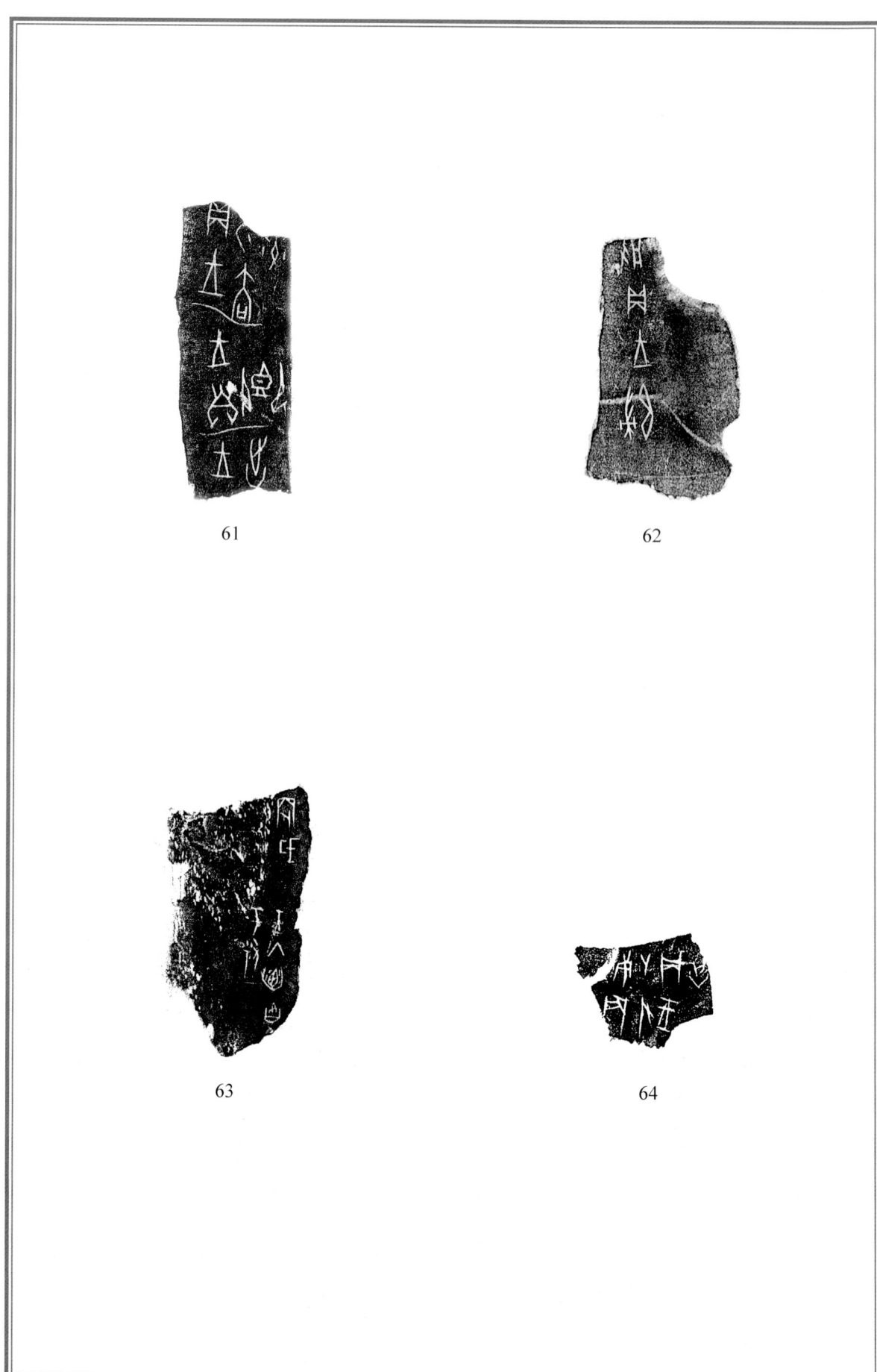

61　　　　　　　　　　62

63　　　　　　　　　　64

65

66

67　　　　　　　　68

69　　　　　　　　70

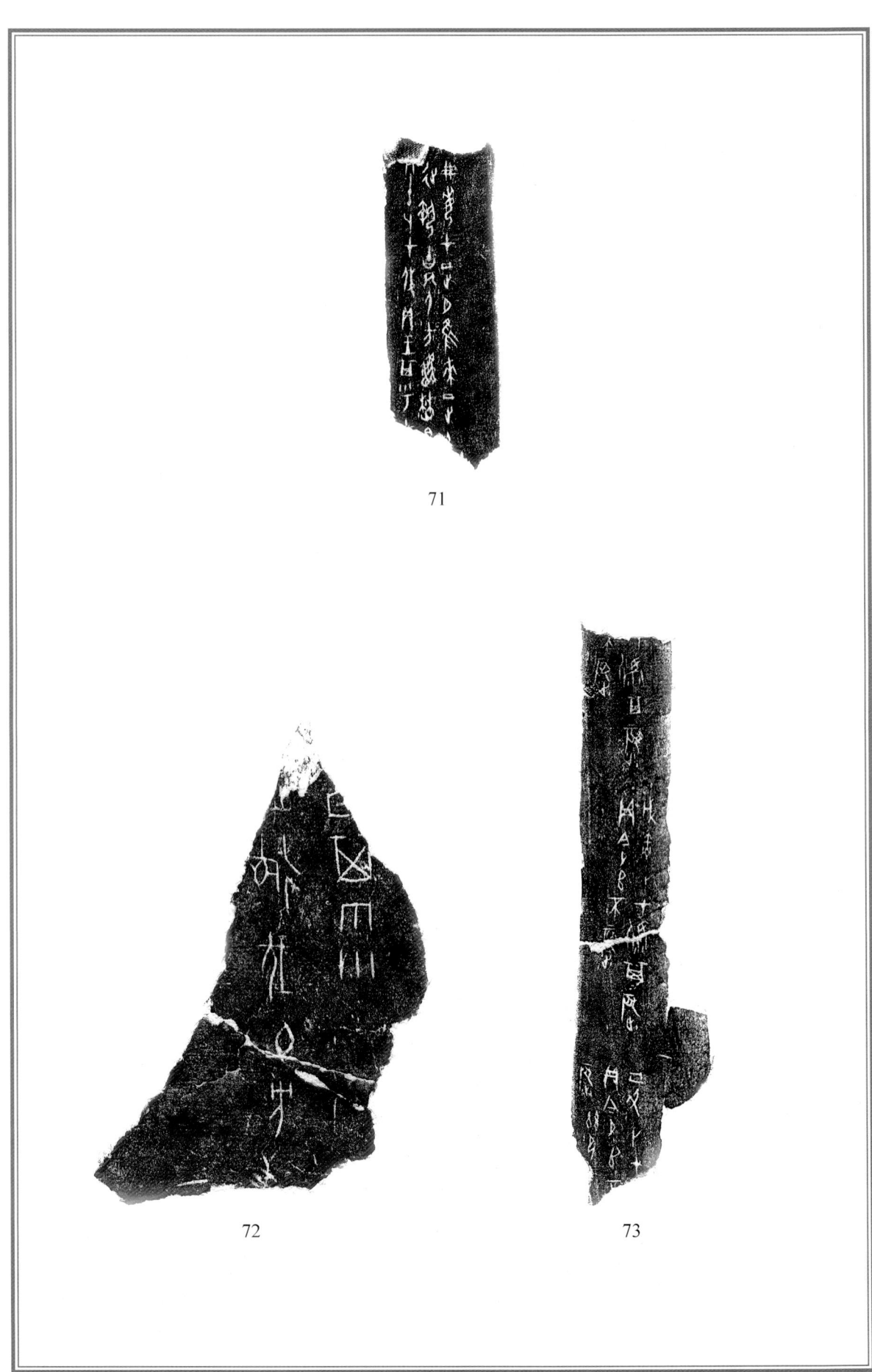

74

75

76

77   78

79

80　　　　　　　　　　　　81

28

82

83 84

85　　　　　　　　　　86

87

88

89

90

91　　　　　　　　　　92

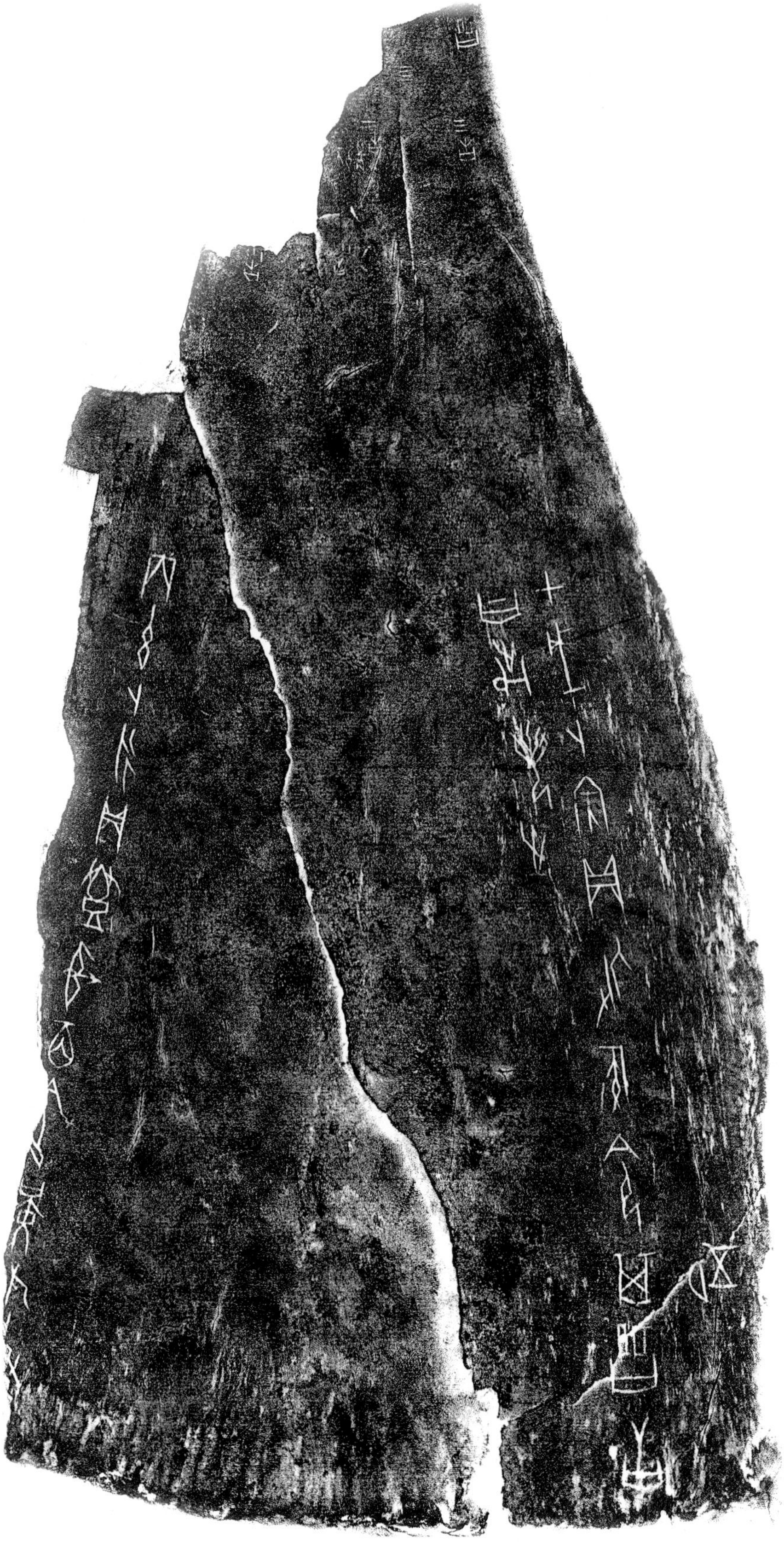

93(70%)

94

95

96

97 98

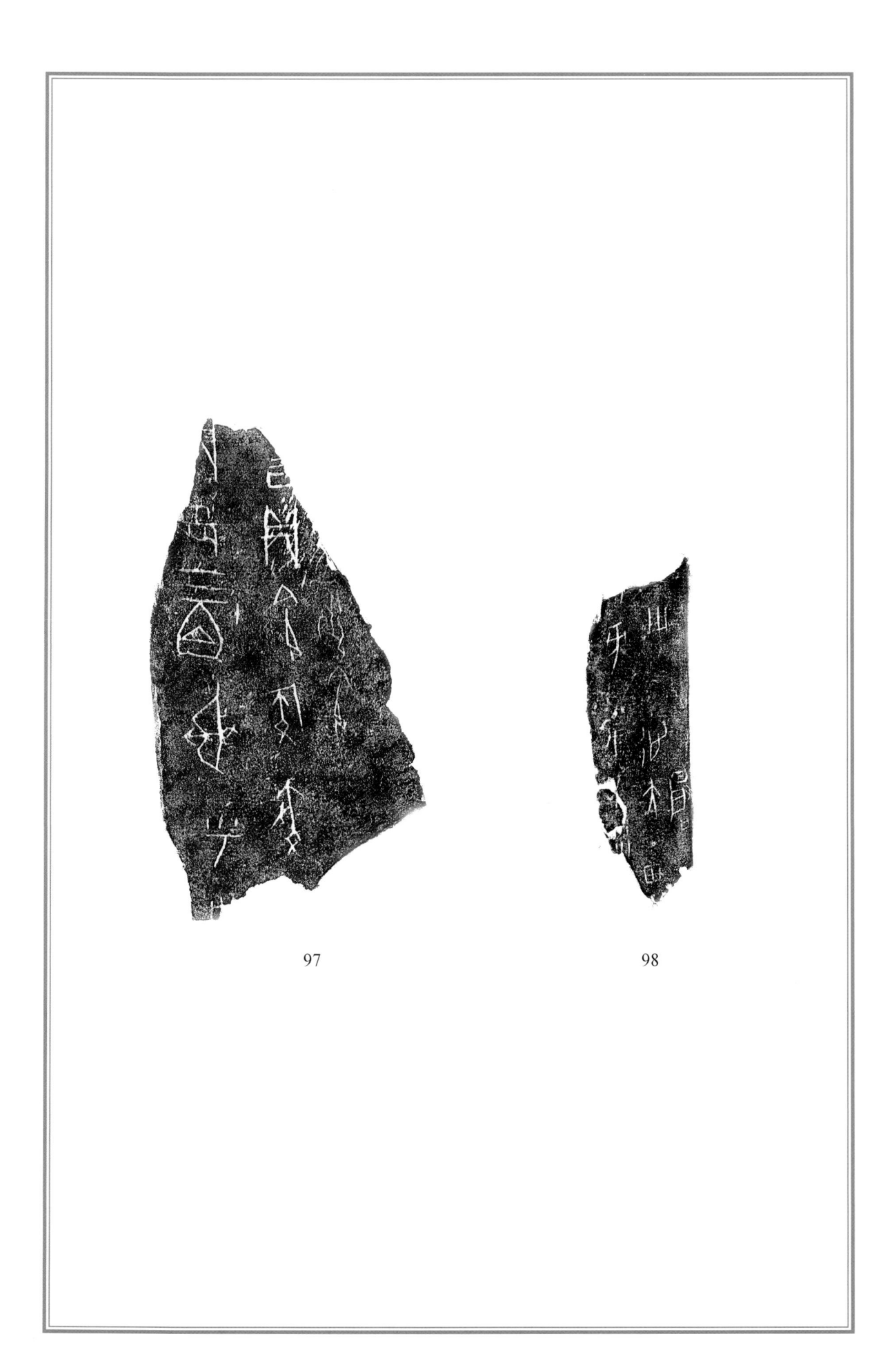

99

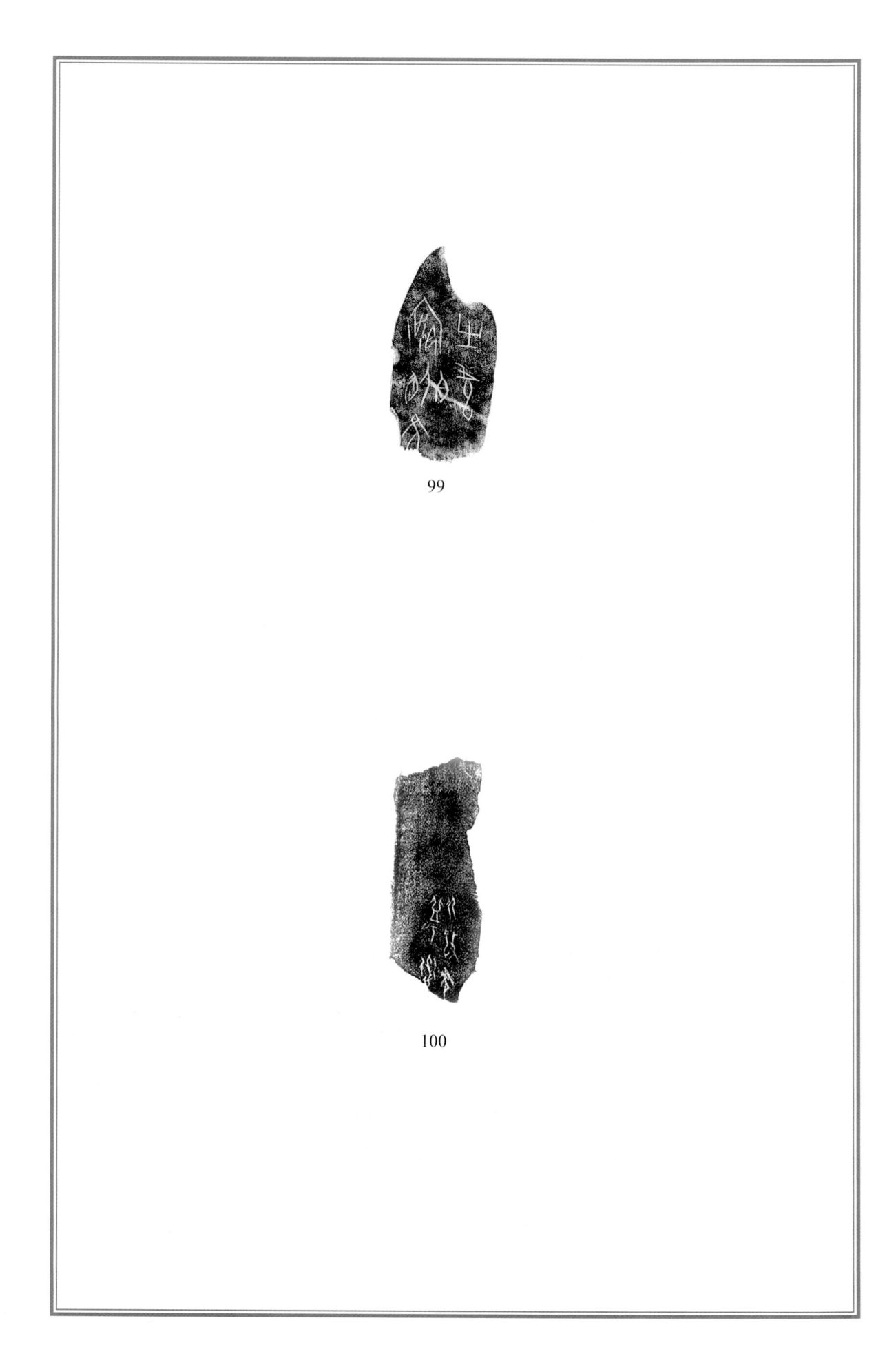

100

101

102

103

104

105

106

107

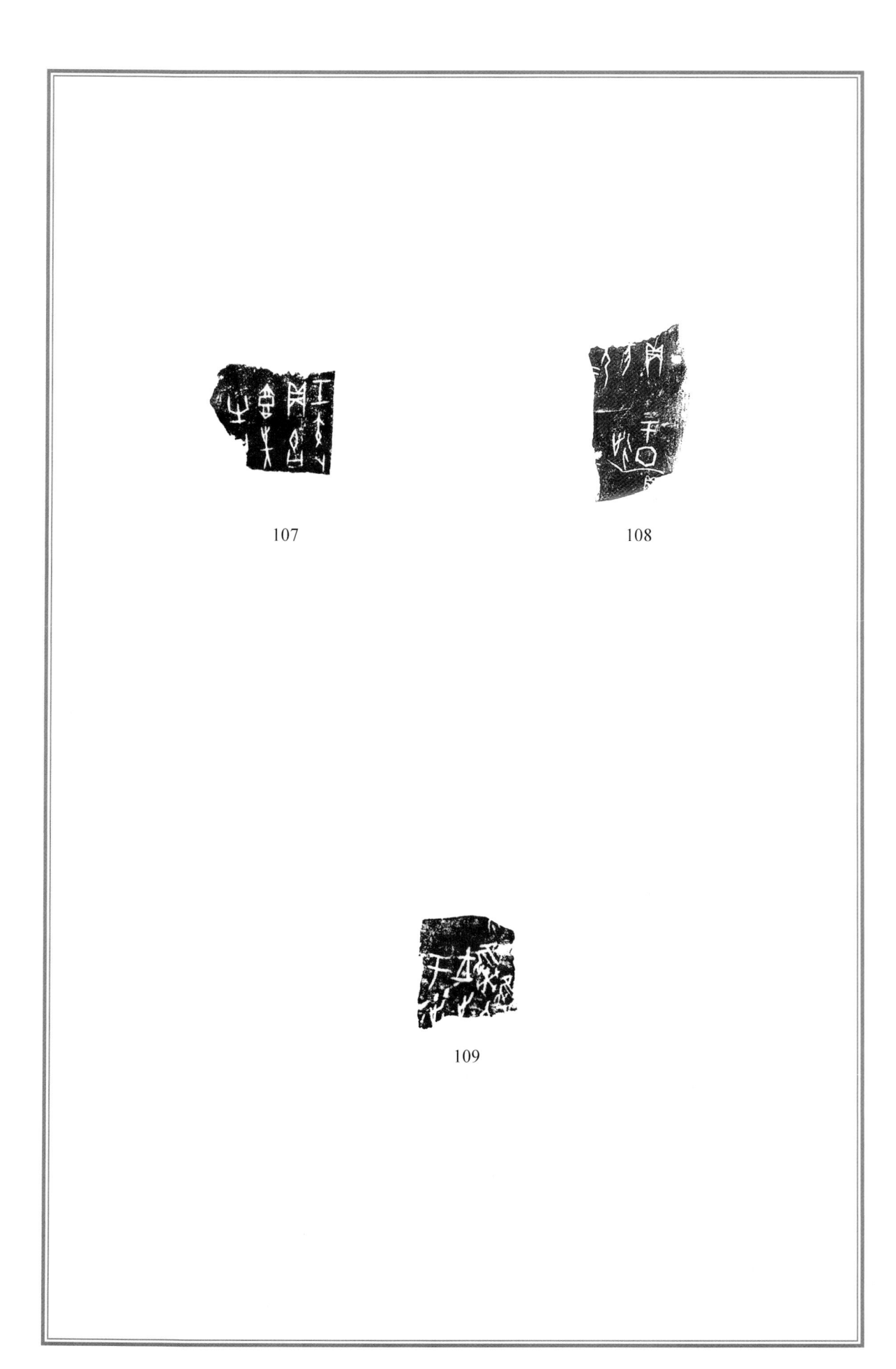

108

109

110

111

112

113

114

115

116

117

118

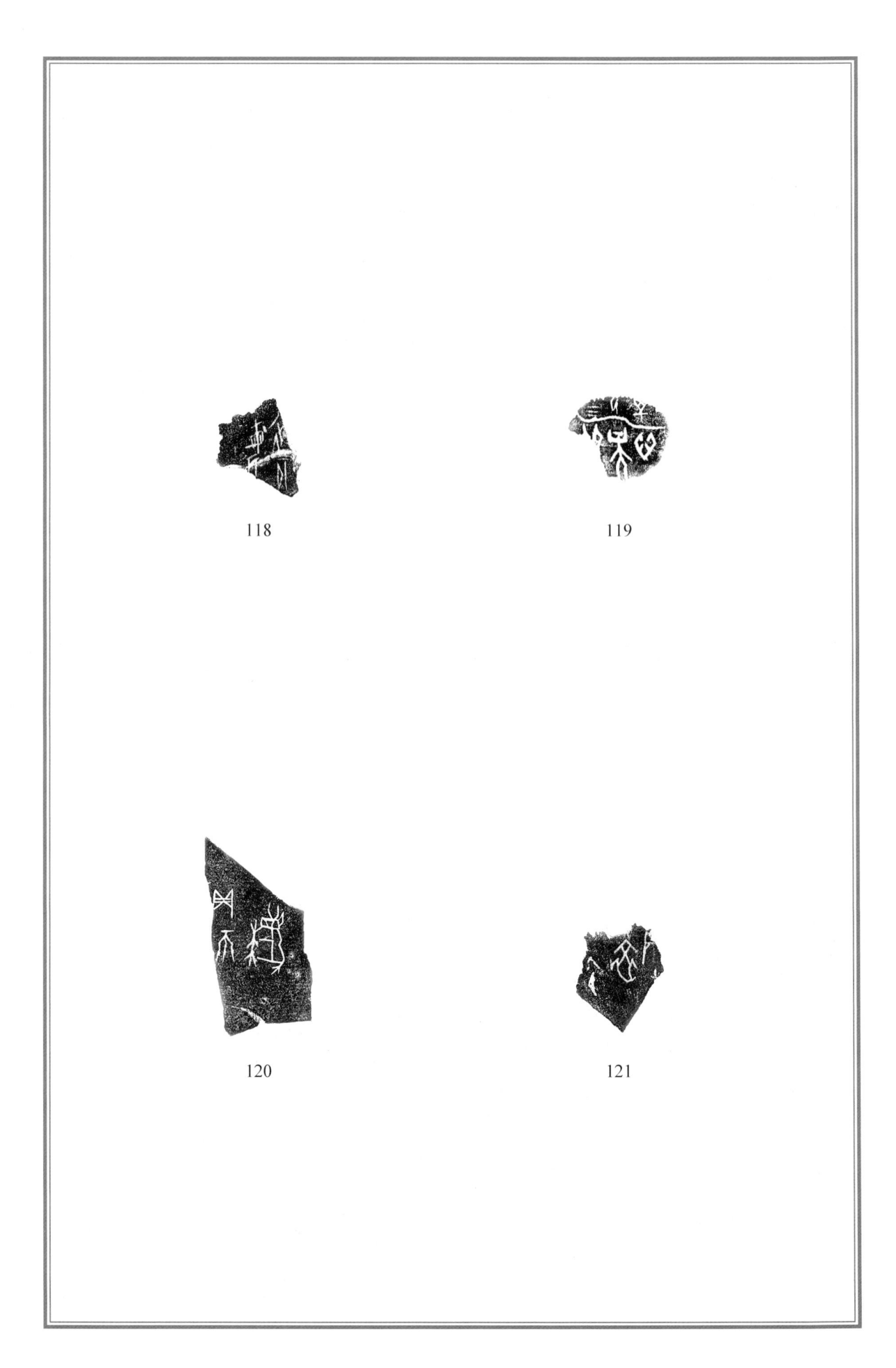

119

120

121

122

123

124

125

126

127

128

129

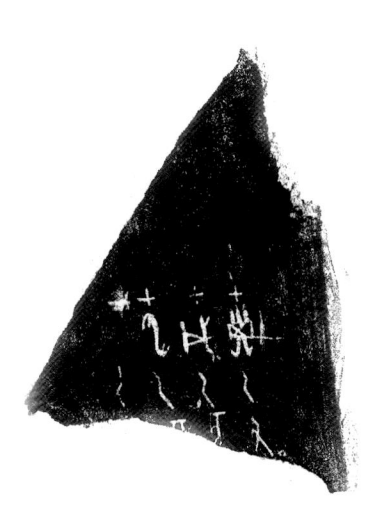

130

補遺

《殷虛書契四編》拓本補充

12 正反－合9387正反

91 正反－合7061正反

93正－合5760正

93反—合5760反

96正－合7216正

96反－合7216反

99正反－尊239正反

101正反－尊181正反

117正反－合19146正反

1－京3223　　　　　　　　　　　16－合32254

20—京5087

39—尊141

45−合35662

45−文攈486

75−尊76

《殷虛書契四編》釋文

1[1]　骨　　五期
著録情況：合集 35429　尊 10　歷 1737
羅四 5

[癸]□[王卜]，[貞肜]□[日]自上甲至于[多毓][衣，亡徣在畂]。[在]六月，[隹王]□[祀]。

2[2]　龜　　二期
著録情況：合集 22686 部分　合補 6959
京 3223 部分　北圖 2744　羅四 6

貞[亡]尤。　一
□□[卜]，□，[貞]……其至……上甲……　一

3　龜　　五期
著録情況：合集 35443　京 4996
北圖 2791　羅四 9

乙卯卜，貞王窜報乙䎽，[亡]尤。

4　龜　　五期
著録情況：合集 35451　京 4998
北圖 2922　羅四 10

丙申卜，貞王窜報丙䎽，亡尤。

5　龜　　五期
著録情況：合集 35457　京 4999
北圖 2823　南坊 4.434　簠拓 120　羅四 11

丙戌卜，貞王窜報丙□，[亡尤]。

6　龜　　五期
著録情況：合集 35368　京 5005
鄴三下 50.13　羅四 20

乙巳[卜]，[貞]王[窜]大乙……[亡尤]。
□□[卜]，貞王[窜]……伐，衣，[亡尤]。

在六月，[隹]王廿祀。

7　龜　　二期
著録情況：合集 22728　京 3236
北圖 3053　羅四 15

□□[卜]，凸，貞[王窜]大乙彡，[亡尤]。

8　骨　　四期
著録情況：合集 32216　京 3974
北圖 5199　羅四 19

丁巳卜，叀宜酻。（"宜"字倒刻）
丁巳卜，叀今月酻宜。
丁巳卜，于木月酻宜。　一
丁巳卜，叀今月酻宜。　一
丁巳卜，于木月酻宜。　一
癸亥卜，冓酻宜伐于大乙。　一（"宜"字倒刻）
□亥卜，[叀冓]……
甲子卜，㞢彡自上甲。　一
甲子卜，先㞢大乙。　一
辛未卜，其□。　一

9　龜　　五期
著録情況：合集 35517　京 5006
北圖 2766　羅四 27

丑卜，貞王窜大丁䎽，亡尤。

10　龜　　五期
著録情況：合集 36205　京 5077
北圖 2919　羅四 94

[戊]寅卜，貞[王]窜大丁奭妣戊䎽，亡尤。

11　（缺片）

---

[1]　合 35429【歷(中歷藏)1737】+英 2594。林宏明：《甲骨新綴第 331～332 例》，先秦史研究室網站，2012 年 03 月 31 日。四編 1 雖不如合集拓片字口清晰，但邊緣殘字筆畫較清晰。
[2]　此片原骨在北圖，現已缺一小塊。合補 6959 選四編 2（北圖 2744）缺一小塊無字。合 22686 選京 3223 較全，見拓片附録。

12[1] 龜　　一期
　　著録情況：合集 09387 正反　京 63（正）
　　京 64（反）　北圖 2747 正反　羅四 26
　　……夫甲

13　龜　　五期
　　著録情況：合集 35539　京 5012
　　北圖 2708　羅四 29
　　癸卯卜，貞王窋大甲彡[夕]，亡尤。
　　貞（習刻）

14[2]　龜　　五期
　　著録情況：合集 35745　尊 15　歷 1832
　　綜述 21.8　文擄 485　羅四 206
　　癸亥卜，貞王旬亡畎。在十月。甲子翌
　　魯甲。
　　癸未卜，貞王旬亡畎。甲申翌日祖甲。
　　癸卯卜，貞王旬亡畎。一
　　癸亥卜，貞王旬亡畎。在二月。甲子祭
　　大甲。
　　癸未卜，貞王旬亡畎。在二月。
　　[癸卯]卜，貞[王旬]亡[畎]。[在]三月。

15　龜　　五期
　　著録情況：合集 35558　合補 10967
　　京 5014　北圖 2776　羅四 31
　　□□卜，貞……大庚翌……尤。

16[3]　骨　　四期
　　著録情況：合集 32254　合補 6833
　　京 2994　北圖 2897　羅四 32
　　庚……弜……伐……
　　庚子，貞其㞢伐……大庚……

17　龜　　三期
　　著録情況：合集 27216　京 4008
　　鄴初下 34.9　佚 410　北圖 2737　羅四 44
　　新……祖乙二……，王受[又]。

18　龜　　五期
　　著録情況：合集 35627　京 5070
　　北圖 2767　羅四 53
　　丁未卜，貞王窋三祖丁帚，[亡尤]。

19　龜　　一期
　　著録情況：合集 1881　合集 1890
　　尊 22　京 719　歷 91　羅四 50
　　□寅[卜]，王，貞[于]祖丁……

20[4]　龜　　五期
　　著録情況：合集 36321　京 5087
　　北圖 2698　羅四 51
　　壬辰卜，[貞]母癸祊[曳羊]。茲[用]
　　[丙]申卜，貞康祖丁[祊][其]牢。

21　龜　　五期
　　著録情況：合集 35809　北圖 2981
　　羅四 55
　　□□卜，貞……小乙……亡尤。

22　龜　　五期
　　著録情況：合集 35823　京 5041
　　北圖 2752　掇二 40　羅四 56
　　丙子卜，貞武丁祊其牢。茲用

---

[1] 補合 9387 反，見拓片附録。
[2] 此版可與《合補》12872 綴合。門藝：《殷墟黃組卜辭的整理與研究》第 22 組，鄭州大學博士學位論文，2008 年 6 月，指導教師：王蘊智。
[3] 合 32254 邊緣較清晰，見拓片附録。
[4] 補京 5087。京 5087 較合 36321（北圖 2698）右上角多一小塊。合集來源表中已注明北圖 2698（不全）選定四編 20，但還是收了不全的拓片，見拓片附録。

23　龜　　五期
著録情況：合集 35841　京 5042
北圖 3836　羅四 58

丙辰[卜,貞]武丁[祊]其[牢]。
[癸]□卜,[貞]祖甲祊[其]牢。

24　龜　　五期
著録情況：合集 35819　合補 11023
尊 37　京 5043　歷 1686　羅四 57

丙寅[卜],貞武丁[祊其]牢。
□□[卜],貞□□[祊]其[牢]。

25　龜　　五期
著録情況：合集 36278　京 5090
北圖 2790　掇二 41　羅四 96

□□卜,貞王[賓]武丁奭[匕]□彡日,
[亡尤]。

26　龜　　五期
著録情況：合集 35970　京 5047
北圖 2799　寧 3.246　羅四 63

丙寅卜,[貞]康祖丁[祊]其[牢]。　一
（"丙寅"二字有缺刻）
□□卜,貞□□升[祊][其]牢。
四

27[1]　龜　　五期
著録情況：合集 36010　尊 029　歷 1693
羅四 65

丙午[卜],[貞]康[祖丁]祊其[牢]。

28[2]　龜　　五期
著録情況：合集 35989　京 5051
北圖 2786　鄴二下 40.13　羅四 66

丙戌[卜],[貞]康[祖丁祊]其牢。兹

[用]
□□[卜],貞□□祊[其]牢。

29　龜　　五期
著録情況：合集 36067　尊 036　京 5056
歷 1688　羅四 67

甲寅卜,貞武乙[祊]其[牢]。
[叀]羊。[兹]用。

30　龜　　五期
著録情況：合集 36143　京 5064
北圖 2844　羅四 70

丙辰卜,[貞]文武丁祊其[牢]。兹[用]。

31　龜　　五期
著録情況：合集 36137　合補 11087
北圖 3011　羅四 69

丙戌[卜],[貞]文武[丁]　祊其[牢]。
[兹]用　一

32　龜　　五期
著録情況：京 5067　北圖 3837　羅四 71

丙[子卜],[貞]文武[丁祊]其[牢]。
……□。

33[3]　龜　　一期
著録情況：合集 19895　京 3039
北圖 2762　羅四 84

……匕庚……自……貝……見。

34　龜　　三期
著録情況：合集 27533　尊 41　歷 1394
羅四 85

庚□[卜],貞其……匕庚……　三

---

[1]　合 36010 較清晰。
[2]　此版可與合 36004 綴合。方稚松：《甲骨綴合十組》,第 6 組,《北方論叢》2006 年第 3 期；《殷墟甲骨文五種記事刻辭研究》,首都師範大學博士論文,2007 年 6 月,指導老師：黄天樹。
[3]　【合補 6915[合 22374(乙 8859) + 合 22394(乙 8862 + 乙 8822)] + 合 22221(乙 8825) + 乙 8774](白玉崢、持井康孝、常耀華綴合) + 合 19895(京 3039、北圖 2762、胡 223) + 乙補 7394(蔣玉斌綴合,見《甲種子卜辭新綴十六組》之十三組,《考古與文物》2005 年古文字論集增刊）。

35 龜　　五期
　著録情況：合集 35871　京 5046
　北圖 2792　羅四 59

　戊戌卜,貞王宾祖乙彡夕,[亡尤]。

36 龜　　二期
　著録情況：合集 3260　合集 3260 重
　京 2067　京 3720 重　北圖 2797

　……中子……其……

37 正反　龜　　一期
　著録情況：合集 8220 正反　尊 262
　歷 0456 正反　羅四 229

　正：
　貞[王][往]出于庐。小告
　反：
　□□[卜],殼。
　……□新……

38 龜　　五期
　著録情況：合集 35620　京 5017
　北圖 2783　掇二 39　羅四 36

　貞[王宾]叔,[亡尤]。
　己未卜,貞王宾雍己彡日,[亡]尤。

39[1] 骨　　一期
　著録情況：合集 5538　尊 141　歷 0436
　文攗 402　羅四 347

　[癸]巳卜,殼,[貞]史人[于]冎,其出曰：
　……四

40 龜　　五期
　著録情況：合集 35612　合補 10972
　北圖 2777　羅四 35

　己巳卜,貞王宾雍己祭,亡尤。

41 龜　　二期
　著録情況：合補 7633　京 3344（京 3339）
　尊 252　羅四 144

　□戌[卜],□,貞王夕祼……

42 龜　　二期
　著録情況：合集 25277　合補 7571
　慶甲 139　羅四 135

　乙酉卜,凸,貞王宾叔,亡尤。　一

43 龜　　五期
　著録情況：合集 38568　北圖 4477
　羅四 133

　辛丑卜,貞王宾歲,亡尤。
　貞王宾叔,亡尤。

44 骨　　五期
　著録情況：合集 36872　尊 109　歷 1809
　羅四 190

　癸巳[王卜],貞旬[亡畎]。王在……王
　固[曰]：[吉]。
　癸卯王卜,貞旬亡畎。王固曰：吉。在䚅。
　癸丑王卜,貞旬亡畎。王固曰：吉。王
　在䚅。
　癸亥王卜,貞旬亡畎。王固曰：吉。
　在䚅。

45[2] 骨　　五期
　著録情況：合集 35662　尊 18　歷 1801
　文攗 486　羅四 209

　癸酉王卜,貞旬亡畎。在十月,甲戌彡
　羐甲。
　[癸未]王卜,[貞旬]亡畎。[在]□[月]。
　[甲申彡羌甲]

---

[1] 文攗 402 較全,見拓片附録。
[2] 四 45 不全,文攗 486 較清晰,見拓片附録。

46[1] 骨　　五期
　　著録情況：合集 36871　合補 11257 部分
　　尊 108　歷 1833　羅四 192

　　[癸丑王卜]，貞[旬亡𡆥]。王[固曰]：
　　[吉]。[在]王䲜。
　　癸亥王卜，貞旬亡𡆥。王固曰：吉。在
　　王䲜。
　　癸酉王卜，貞旬亡𡆥。王固曰：吉。在
　　王䲜。
　　癸未王卜，貞旬亡𡆥。王固曰：吉。
　　在□。
　　[癸]□王卜，貞[旬]亡𡆥。吉。

47[2] 龜　　五期
　　著録情況：合集 35755　尊 24　京 5491
　　鄴三下 49.18　歷 1837　羅四 207

　　癸□[卜]，貞[王旬]亡[𡆥]。[在]四月。
　　[甲]□彡[羌甲]。
　　[癸]□卜，貞[王]旬亡[𡆥]。[在]五月。
　　[甲]□彡䵼甲。

48　龜　　五期
　　著録情況：合集 38818　合補 12423
　　歷 1855　羅四 221

　　辛巳卜，貞王今夕亡𡆥。
　　□□卜，[貞王]今夕[亡]𡆥。
　　己……

49　（缺片）

50　骨　　一期
　　著録情況：合集 16113　尊 93　歷 201
　　羅四 122

　　王勿于啓酚入。

貞沈十牛。

51　龜　　一期
　　著録情況：合集 15346　合補 2745
　　京 1048　北圖 2921　羅四 112

　　勿酋三豭。九月

52　骨　　一期
　　著録情況：合集 1952　京 731（京 2063）
　　北圖 2768　羅四 74

　　……其令……告……丁。三月。
　　……至……毓……　二

53　龜　　一期
　　甲子……貞……于……小牢……

54　骨　　五期
　　著録情況：合集 36017　京 5052
　　北圖 2780　羅四 64

　　丙辰[卜]，[貞]康祖丁[祊]叀[羊]。兹
　　[用]
　　□□卜，貞……升[祊][叀]羊。[兹]用。

55　龜　　一期
　　著録情況：合集 11383　京 1110
　　鄴二下 39.7　北圖 2960　羅四 175

　　……于保……小牢……

56[3] 骨　　一期
　　著録情況：合集 6147　合補 1789
　　羅四 102

　　貞告吾[方]于□□。
　　貞勿于黃尹告。　二

---

[1]　合補 11257[合集 36871＋英 2530（金 578、合集 41771）]。蔡綴 030，《大陸雜志》第 73 卷第 4 期，1986 年。
[2]　合 35397＋合 35658＋合 3575＋合 35896＋合 38261。許進雄：《第五期五種祭祀祀譜的復原——兼談晚商的曆法》，《大陸雜志》第 73 卷第 3 期，1986 年。
[3]　合補 01789[合 06137＋合 06147（四編 56、歷拓 5853）]。蔡綴 224，《大陸雜志》第 74 卷第 5 期，1987 年；白玉崢：《簡論甲骨文合集》，《中國文字》新十四期，臺北：藝文印書館，1991 年。

57 骨　　一期
　　著錄情況：合集 1555　合補 125　京 679
　　北圖 2751　羅四 43

　　甲午卜，翌乙酉虫于祖乙，告……

58 骨　　三期
　　著錄情況：合集 27886　合補 1706
　　歷 1599　羅四 342

　　甲，小臣牆又來告。
　　弜□。

59 骨　　五期
　　著錄情況：合集 36361　尊 149　歷 1789
　　羅四 237

　　戊［戌］［卜］，［貞］王［省］，［往來亡災］。
　　己亥卜，貞王省，往來亡災。
　　辛丑卜，貞王省，往來亡災。
　　□□［卜］，貞……

60 骨　　五期
　　著錄情況：合集 36571　合補 11119
　　尊 148　歷 1784　羅四 238

　　□丑卜，貞王迍［于］宮，往來亡災。

61[1] 骨　　一期
　　著錄情況：合集 5239 上　合補 1569 中
　　尊 214　文攈 397　江西博 8 上　歷 465
　　羅四 224

　　王［往］出。
　　王自鄉。
　　貞王［勿］合［束］。

62 骨　　一期
　　著錄情況：合集 05191　合補 1526

尊 153　歷 0477　羅四 234

□□［卜］，設，貞王歸。

63[2] 骨　　三期
　　著錄情況：合集 27165　續 2.2.4
　　續存上 2014　歷拓 5854　羅四 231

　　王入，酒各于祭。
　　卜丙歲。

64 龜　　二期
　　著錄情況：合集 23752　合補 7154
　　鄴二下 38.11　京 3474　北圖 2787　羅四 230

　　庚辰卜，尹，貞王出。

65 龜　　二期
　　著錄情況：合補 7249

　　□□［卜］，貞王……延……在……　二

66[3] 骨　　五期
　　著錄情況：合集 36675　尊 146　歷 1782
　　羅四 233

　　乙亥卜，貞［王］迍于𤉲，往來亡亡災。
　　一　（此辭多刻一"亡"字）
　　戊寅卜，貞王迍于𤉲，往來亡災。　一
　　□□［卜］，［貞］王……

67[4] 骨　　一期
　　著錄情況：合集 5161 部分　羅四 232

　　貞王于生七月入。　三　三
　　……于……入。

68 骨　　五期
　　著錄情況：合集 37416　重博 14[5]
　　羅四 256

---

[1] 合補 1569〔合 5239〔(四編 61、尊 214、文攈 397、歷拓 12161) + 北圖 5051(文攈 656)〕+ 合 5243(北圖 1901)〕。蔡哲茂：《甲骨綴合集》，第 208 組，臺北：樂學書局，1999 年。

[2] 合補 10381〔合集 27164(鄴三下 40.4 不全、歷拓 1310) + 合 27165(續 2.2.4、續存上 2014、歷拓 5854)〕。裘錫圭：《甲骨綴合拾遺》，第 19 組，《古文字論集》，北京：中華書局，1986 年。

[3] 此片與合 36694 綴合。門藝：《黃組甲骨新綴第 99 組》，先秦史研究室網站，2009 年 12 月 7 日。

[4] 此片與山博 55 的綴合等於合 5161。合集來源表注明，此片與文攈 1092 綴合等於 5161。經核查，文攈 1092 是一組錯誤的拼合版：歷拓 7265(山博 1066) + 合 5161(山博 55 + 四編 67) + 合 7781(歷拓 6411)。實際上此片應該是文攈 1092 的一部分。

[5] 拓片注重博 29746，來源表是重博 14，以來源表爲準。

□□[王卜],[貞]田于宮,[往來]亡災。
戊申王卜,貞田羌,往來亡災。茲卬。
鹿一。
壬子王卜,貞田于𫇛,往來亡災。茲卬。
隻鹿。
乙卯王卜,貞田于𢆶,往來亡災。茲卬。
隻鹿。 一
戊午王卜,貞田于㫃,往來亡災。隻
鹿二。
壬戌王卜,貞[田于]税,往[來]亡災。隻
鹿九,狐一。[王固]曰:吉。

69[1] 骨　　一期
　　著録情況:合集 10903 上　尊 158
　　文擩 415　綜述 21.3 上　歷 534　羅四 245

貞[乎]田[从]東。
貞乎田从南。

70　骨　　一期
　　著録情況:合集 6541　尊 99　歷 309
　　羅四 268

貞勿㱿人五千。　四
貞勿伐🀆方。　四
貞王伐🀆方,受屮又。　四
貞弗其受屮又。　四
受又。　四
□辰。

71　骨　　五期
　　著録情況:合集 36492　文擩 517
　　綜述 21.2　羅四 299

丙午卜,在攸,貞王其乎……徝執胄人方
虢,焚□……弗每。在正月。隹來正
□……

72　骨　　一期
　　著録情況:合集 6400　尊 102　歷 307
　　羅四 271

……日其雨。
……[王]徝伐土方,受[屮又]。　一

73[2] 骨　　五期
　　著録情況:合集 36430　尊 94　歷 1767
　　羅四 214

丁丑卜,在[河],貞今夕自不屖。茲卬
一
其屖。
戊寅卜,在河,貞今夕自不屖。
其屖。
□□[卜],在河,[貞今夕自]不屖。

74　骨　　一期
　　著録情況:合集 10095　尊 42　歷 1182
　　羅四 303

丙申。
丙申卜,𡧊,貞于河秂年。
壬寅。
□□[卜],□,貞勿……反甫……

75　骨　　一期
　　著録情況:合補 4537　尊 76　歷 58

不其受年。　一　二　二告。
……□……　一　二　[二]告

76　龜　　一期
　　著録情況:文擩 335　羅四 305

受年。

77　骨　　一期
　　著録情況:合集 9986　尊 077　歷 539
　　羅四 304

受黍年。
受年。

78　骨　　四期
　　著録情況:合集 33890　合補 3533

---

[1] 合 10903 上。
[2] 合 40895(日匯 39 谷邊) + 合 36430(歷拓 12337、尊六室 94)。蔣玉斌:《甲骨新綴第 1~12 組》,先秦史研究室網站,
　　2011 年 3 月 20 日。

歷 1549　羅四 315

□□,貞不其[雨]。

乙卯[卜],貞今日雨。二月。

……[不]雨。

79[1] 骨　　一期

著録情況:合集 2837　重博 15　羅四 324

貞自般亡囚。

貞自般其㞢囚。　二

隹娸。

貞帚往于妣庚,不隹娸。　二

雨。　二　二告

貞翌乙巳不雨。　二

80 骨　　四期

著録情況:羅四 331

不冓雨

……雨。

81[2] 骨　　一期

著録情況:合集 12803　合補 3787

羅四 329

不其征雨。

82 骨　　二期

著録情況:合集 24664　京 3163(不全)

北圖 5195　羅四 330

己巳卜,王,貞亡囚。在九月。　一

三告

己巳卜,王,貞其又囚。

己巳卜,王,貞曰雨。在九月。　三

83 龜　　一期

著録情況:合集 12024　尊 067　歷 1156

羅四 320

己酉[卜],今雨。

……征……

84 骨　　五期

著録情況:合補 11637　尊 66　歷 1797

文攈 1493　羅四 337

戊寅王卜,[貞]田 𢦒 亡。(缺刻横畫。
"亡"下脱一𢦏字。)

其雨。

……雨。　一

85 骨　　一期

著録情況:合集 7447　尊 104　歷 0295

羅四 291

貞王勿比沚戜。

貞王比沚戜。

貞王勿比沚戜。

乙亥卜,殻。

貞弗其受㞢又。

86[3] 骨　　一期

著録情況:合集 5242　北圖 4462　哲 14

羅四 225

貞王勿鄉。

王鄉。

不其受。

87 骨　　一期

著録情況:合集 8902　尊 078　歷 41

羅四 415

戊寅卜,得。

88 骨　　一期

著録情況:合集 15151　尊 176　歷 41

羅四 386

貞不其卯。

---

[1] 補重博 15。
[2] 合 6366(北圖 5046、文攈 628)＋北珍 1517(合 12803、歷拓 06140、合補 3787)。王子楊:《賓組卜辭新綴一例》,先秦史研究室網站,2011 年 1 月 2 日。
[3] 合 5242(歷拓 2416、北圖 4462、哲 12)＋合 10000(六中 45)。蔡綴 162,《大陸雜志》第 74 卷第 5 期,1987 年。

89　龜　　一期
　　著錄情況：合集 5029　京 2101
　　北圖 4593　鐵 90.2　羅四 77

　　癸未卜，㞢小王。

90　骨　　一期
　　著錄情況：合集 21636　尊 257　歷 1320
　　羅四 419

　　庚戌，子卜，貞豕歸。

91[1]　骨　　一期
　　著錄情況：合集 7061　尊 160 正
　　歷 401 正　羅四 359

　　貞自……于……不……
　　貞乎取亳宁。
　　[貞自]□至于[庚]寅帝令[雨]。

92[2]　骨　　一期
　　著錄情況：合集 6746　合補 1938 部分
　　尊 98　歷 559　羅四 286

　　[訊]。
　　訊。
　　貞方戋㞢嫩人。
　　貞不隹帝令乍我田。
　　[隹]帝令。

93　骨　　一期
　　著錄情況：合集 5760 正　羅四 288

　　甲戌卜，宁，貞攸侯令其邼舌曰：𰀀（𡕰）若之。五月。
　　丙午卜，永，貞嫩射百，令萈[旋自]……
　　……邼……[一] 小告 [二] 不啎黽　二告　三 小告　四 三告

94　骨　　一期
　　著錄情況：合集 7411　歷 303　羅四 283

　　己巳卜，争，[貞]侯告再[册]，王勿卒[臧]。
　　庚午卜，争，貞王叀易白燹臧。　六

95　骨　　二期
　　著錄情況：合集 24439　羅四 312

　　庚辰卜，大，貞亡來大[水]。　一
　　貞□㞢大水。

96　骨　　一期
　　著錄情況：合集 7216 反　尊 136 正
　　歷 808 反　羅四 395

　　……㞢聞，其隹丙不……

97　骨　　一期
　　著錄情況：合集 05777　尊 122　歷 330
　　羅四 287

　　□□[卜]，□，貞冒三百射乎□……
　　□□[卜]，亘，貞令侯䧅……
　　……[隹]狄令。

98　骨　　三期
　　著錄情況：合集 30212　尊 49　歷 1624
　　羅四 338

　　……田……
　　戉不[雨]，延大啟。
　　……方……用。

99　龜　　一期
　　著錄情況：合集 16997　合補 4983　尊 239
　　文擴 419　歷 0578 正　羅四 373

　　……𰀁　隹㞢𢆶（害）。

100　骨　　一期
　　著錄情況：合集 39467　合補 10380
　　尊 256　歷 1766　羅四 423

---

[1] 合 7061 正（歷拓 12115 正）+ 合 14151（歷拓 10431），蔡綴 357。
[2] 合補 1938（綴集 184、合 06746 + 合 19129）+ 英 1133 正（合 39912、金 496）。蔡哲茂：《〈英國所藏甲骨集〉新綴第四則》，先秦史研究室網站，2009 年 6 月 30 日。

比改。罘。 二

雨……巠……

101 骨　一期

　　著録情況：合集 15157　尊 181 正　歷 432
　　正　羅四 396

　　……王勿□舌。

102 骨　一期

　　著録情況：合集 5576 正　尊 115 正
　　歷 613 正

　　正：
　　……來婕[自]……□小臣高……[紳]……
　　反：
　　□□[卜]，殻，貞旬[亡囚]。

103 骨　一期

　　著録情況：合集 13474　尊 45　歷 617
　　羅四 382

　　……三日丙申夕🝆……　五

104 骨　三期

　　著録情況：合集 30938　京 4337
　　北圖 2877　羅四 227

　　……𢆷(裸)……
　　……弜鄉。
　　……飲……

105[1] 骨　四期

　　著録情況：京 3960　北圖 2891　羅四 22

　　卯[姘]于上甲。
　　卯眔大乙。

106 骨　二期

　　著録情況：合集 23696　京 3221
　　北圖 2825　羅四 413

　　辛未卜，[旅]，貞🝆不即……

107 龜　一期

　　著録情況：合集 3417　京 2316　北圖 2773
　　鄴三下 49.7

　　壬寅卜，貞由章往出□……

108 骨　一期

　　著録情況：合集 833　京 2350
　　北圖 4562　羅四 163

　　貞于丁亥延尸。　二
　　[貞]……

109 龜　一期

　　著録情況：合集 10503　京 1479　掇二 19
　　北圖 2800　241

　　……于汕……王往……🝆。允[隻]……

110 龜　一期

　　著録情況：合集 4310　京 2179
　　北圖 2839　羅四 356

　　□□卜，王，勿令🝆。

111 龜　一期

　　著録情況：合集 18807　羅四 388

　　丙寅[卜]，允，[貞]……日征……之[日]
　　……征……𢆷。　一
　　貞不其𢆷。之[日]允□。

112[2] 骨　一期

　　著録情況：合集 4996　合補 1279
　　北圖 2885　羅四 355

　　甲子卜，王，貞余令[甫]……

113 龜　一期

　　著録情況：合集 8589　合補 4597

---

[1] 合 32168(鄴三下 43.5 不全，歷拓 1432) + 北圖 2891(京 3960、羅四 22)。林宏明：《甲骨新綴第 268～271 例》，先秦史研究室網站，2011 年 10 月 12 日。

[2] 合 4996(北圖 2885、胡 434) = 合 20314(京 2186) = 合補 1279(四編 112) + 合 20054(歷拓 7767、山東 1773)，蔣玉斌綴第 191。

京 1253　北圖 2843　虛 1352　南博拓 832
羅四 236

……往吾，亡若。

114　龜　　三期
　　著録情況：羅四 408

　　□巳卜，王。

115　龜　　一期
　　著録情況：合集 15124　合補 2236
　　京 928　北圖 2757　鄴二下 39.2　羅四 92

　　……卸□商□司癸。　二

116[1]　骨　　一期
　　著録情況：合 6833　尊 134　京 2714
　　歷 14　羅四 276

　　……[乎]䖐⿱。
　　……□……□……□……

117[2]　龜　　一期
　　著録情況：合集 19146 正　尊 142　歷 337 正
　　羅四 344

　　……□……乎見。

118[3]　龜　　一期
　　著録情況：合集 40221　南坊 4.364
　　羅四 411

　　……母[征]。十二月。

119[4]　龜　　一期
　　著録情況：合集 3025　合集 11430　尊 089
　　京 2080　鄴初下 42.7　歷 1063　羅四 371

……罕……□……　三
……心……央……从……

120　骨　　一期
　　著録情況：合集 26847　京 3724
　　北圖 5196　羅四 412

　　貞不犠。

121　龜　　一期
　　著録情況：合補 6177　尊 156　歷 880
　　羅四 391

　　貞□……卒……六月。

122　龜　　一期
　　著録情況：合集 10240　京 1490
　　北圖 3838　羅四 242

　　□□卜……缶隻……豕。乙未……
　　□……

123[5]　骨　　一期
　　著録情況：合集 15225　京 959　羅四 392

　　……⿱……告……　四

124　骨
　　著録情況：尊 234　歷 F30　羅四 249
　　僞刻

　　□……

125　龜　　一期
　　著録情況：合集 18027　合補 6161　尊 221
　　京 2846　掇二 46　歷 1067　羅四 430

　　……甾……

---

[1] 京津對重表記録：京津 2714 = 所徐 83（即尊 83）= 四編 116。因爲京津 2714 不是尊 83，尊 134 = 京津 2714，又據歷拓對重記録，歷拓 12203 = 尊 134 = 京津 2714，合集來源表合 6833 = 京津 2714，所以四編 116 = 合 6833 = 京津 2714 = 尊 134 = 歷拓 12203 = 歷 14。

[2] 補四編 117 反，見拓片附録。

[3] 合集未收拓本，合 40221 爲摹本。

[4] 《合集》來源表中合 3025 記録爲"四編（二）39"，應該是第二册第 39 頁，恰好此頁缺第 119 號，因此推斷是四編 119。此片京 2080 較全，見拓片附録。

[5] 四編 123 較合 15225 清晰，補兆序"四"。

126 龜　　三期
　　著録情況：京 4628　羅四 431

　　弜　弜

127 龜　　一期
　　著録情況：尊 220　歷 0565　羅四 367

　　……𩫏……亡囚。

128 骨　　五期
　　著録情況：合集 38014　尊 2　歷 1913
　　羅四 439

　　[甲子]。[乙丑]。[丙]寅。丁卯。戊辰。
　　己巳。[庚午]。[辛未]。[壬申]。[癸
　　酉]。
　　[甲戌]。[乙亥]。[丙]子。丁丑。戊寅。
　　己卯。[庚辰]。[辛巳]。[壬午]。[癸
　　未]。
　　[甲申]。[乙酉]。[丙戌]。丁亥。戊子。
　　己[丑]。[庚寅]。[辛卯]。[壬辰]。[癸
　　巳]。
　　[甲子]。[乙丑]。[丙寅]。[丁]卯。戊
　　辰。己巳。[庚午]。[辛未]。[壬申]。
　　[癸酉]。
　　[甲戌]。[乙亥]。[丙子]。丁丑。戊寅。
　　[己卯]。[庚辰]。[辛巳]。[壬午]。[癸
　　未]。

[甲申]。[乙酉]。[丙戌]。丁亥。戊子。
己[丑]。[庚寅]。[辛卯]。[壬辰]。[癸
巳]。

129 骨　　五期
　　著録情況：合集 38003 下　尊 3 下
　　歷 1907 下　羅四 443 下

　　……丙寅。丁卯。戊……
　　……丙子。丁丑。戊寅。己……
　　……丙戌。丁[亥]。戊子。己……

130 骨　　五期
　　著録情況：合集 38003 上　尊 3 上
　　歷 1907 上　羅四 443 上

　　甲子。乙丑。……
　　甲戌。乙亥。……
　　甲申。乙[酉]。……
　　甲口(午)。乙[未]。……

補遺[1]　骨　　一期
　　合補 6365　尊 235　歷 1708

　　正：
　　一
　　反：
　　勿隹王……
　　貞……

［1］　合集對重表歷拓 12119 著録情況未注明是四編號。

《殷虛書契四編》整理說明

中國社會科學院歷史研究所收藏的《殷虛書契四編》原稿(以下簡稱《四編》),係當年編集《甲骨文合集》時羅福頤先生所贈。

原稿共兩册,在編輯《甲骨文合集》時曾將兩册統一編號自1至130號,正反占一個號。經過《合集》《合補》選用揭取後,僅餘68片。

本次整理共復原59片,有2片缺失,未標明《四編》原號者1片,作爲補遺放置最後。整理後共收拓片128片(正、反各算一片)。

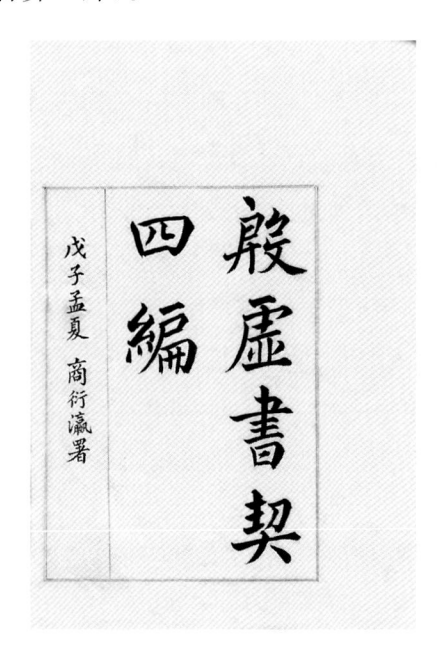

一、《四編》原稿修復情況

1. 《四編》原拓殘存68片:1、3、12、14、19、21、27、32、34、37正反、39、41、44、45、46、47、50、53、55、56、59、61、66、67、68、69、70、71、72、73、74、76、79、80、83、84、85、86、87、88、90、91、92、93、94、95、96、97、98、101、102正反、103、104、105、111、114、117、118、121、123、124、126、127、128、129、130。

2. 缺少部分搜集復原見下表:

原編號	1	2	3	4	5	6	7	8	9	10	11	12	13	14
復原	原	補	原	合	京	合	京	合	合	合	缺	原	合	原
綴合	*	▲										反		*

原編號	15	16	17	18	19	20	21	22	23	24	25	26	27	28
復原	補	補	合	合	原	合	原	合	合	補	合	合	原	京
綴合		▲			▲									*

原編號	29	30	31	32	33	34	35	36	37○	38	39	40	41	42
復原	合	合	補	原	京	原	未	補	原	合	原	補	原	補
綴合					*☆		☆				▲			

續表

原編號	43	44	45	46	47	48	49	50	51	52	53	54	55	56
復原	未	原	原	原	原	補	缺	原	補	合	原	合	原	原
綴合	☆		▲	*	*			▲						
原編號	57	58	59	60	61	62	63	64	65	66	67	68	69	70
復原	補	補	原	補	原	補	原	補	補	原	原	原	原	原
綴合					*		*		*	*☆		*		
原編號	71	72	73	74	75	76	77	78	79	80	81	82	83	84
復原	原	原	原	原	未	原	未	補	原	原	補	合	原	原
			*	▲☆		☆		▲		*				
原編號	85	86	87	88	89	90	91	92	93	94	95	96	97	98
復原	原	原	原	原	京	原	原	原	原	原	原	原	原	原
		*			反*	*	反☆			正				
原編號	99	100	101	102○	103	104	105	106	107	108	109	110	111	112
復原	補	補	原	原	原	原	原	京	補	合	京	京	原	補
	反		反▲				*					反	*	
原編號	113	114	115	116	117	118	119	120	121	122	123	124	125	126
復原	補	原	補	京	原	原	合	京	原	京	原	原	補	原
			☆	反		☆▲								
原編號	127	128	129	130										
復原	原	原	原	原										
		*	*											

說明：

原：《四編》原拓片；合：《合集來源表》；補：《合補來源表》；京：《京津對重表》；未：《合補》未選拓片；缺：爲缺失拓片；* 表示綴合；反：補反；正：補正；▲表示較四編完整；☆：重點說明；○：表示正反。

據《合集來源表》復原 21 片：4、6、8、9、10、13、17、18、20、22、23、25、26、29、30、36、38、52、54、63、82、107、108、119。

據《合補來源表》復原 23 片：2、15、16、24、31、40、42、48、51、57、58、60、62、64、65、78、81、99、100、112、113、115、125。

據《京津對重表》復原 11 片：5、7、28、33、89、106、109、110、116、120、122。

加補正、反拓片 8 片：12 反、91 反、93 反、96 正、99 反、101 反、111 反、117 反。

▲ 較四編完整拓片 8 片：2、16、20、39、45、50、75、79。

* 綴合 20 組：1、14、28、33、46、47、56、61/63、66、67、69、73、81、86、91、92、105、112、129＋130。

☆ 復原補充説明 9 片：33、35、43、75、77、67、93、116、119。

從《合補》對重片盒裏找到未選拓片四張（見下圖）：《四編》35、43、75、77。尚缺失 2 片：11、49。

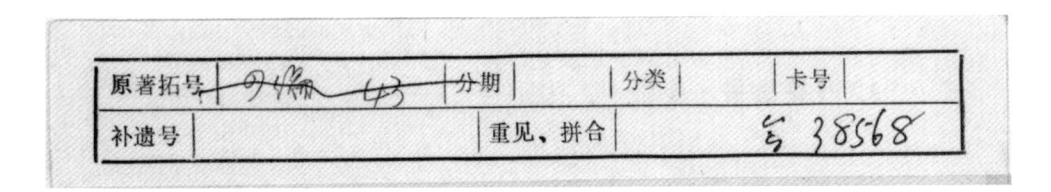

二、《四編》綴合匯總

四編 1：林宏明綴　合 35429 ＋ 英 2594

四編 14：門藝、王恩田綴　合 35745＋合補 12872＋英 2508

四編 28：方稚松綴　合 36004＋合 35989

四編 33：白玉崢、持井康孝、常耀華、蔣玉斌綴

合補 6915 + 合 22221 + 乙 8774 + 合 19895 + 乙補 7394

四編 46：蔡哲茂綴　合補 11257（合 36781 + 合 41771）

四編 47：許進雄綴　合 35397 + 合 35658 + 合 35755 + 合 35896 + 合 38261

四編 56：白玉崢、蔡哲茂綴　合補 1789（合 6137＋合 6147）

四編 61：蔡哲茂綴　合補 1569（合 5239＋合 5243）

四編 63：裘錫圭綴　合補 10381（合 27164 ＋ 合 37165）

四編 66：門藝綴　合 36675（四編 66、尊 146、文攈 513）＋合 36694（續 3.21.3、北大 909）

四編 67：桂瓊英綴　合 5161（四編 67 ＋ 山博 55）

四編 69：曾毅公綴　合 10903

四編 73：蔣玉斌綴　合 40895 + 合 36430

四編 81：王子楊綴　合 6366（北圖 5046、文攥 628）+ 合 12803（四編 81、歷拓 6140、北大 1517）

86

四編 86：蔡哲茂綴　合 5242 + 合 10000

四編 91：蔡哲茂綴　正：合 07061 正 + 合 14151；反：合補 1338

四編 92：蔡哲茂綴　合 6746 + 合 19129 + 英 1133

四編 105：林宏明綴　合 32168 + 京 3960

四編112：蔣玉斌綴　合4996(合20314)+合20054

四編129+130　曾毅公綴　合38003

三、加補正、反拓本

1. 四編12

2. 四編 91

3. 四編 93（縮圖）

4. 四編 96

5. 四編 99

6. 四編 101

7. 四編 117

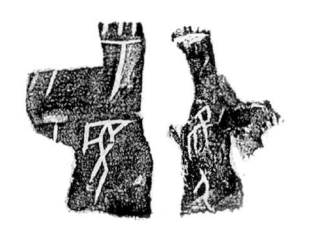

四、較《四編》完整之拓本

1. 合集 22686——四編 2

合集 22686 　　四編 2

2. 合集 32254——四編 16

合集 32254 　　四編 16

3. 京 5087——四編 20

京 5087 　　四編 20

4. 文攈 402——四編 39

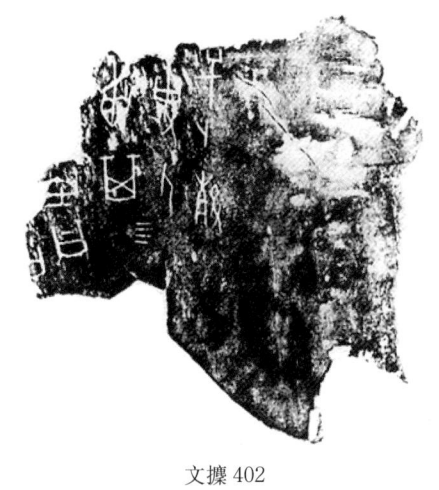

文攈 402 　　　　　　　四編 39

5. 文攈 486——四編 45

文攈 486 　　　　　　　四編 45

6. 京 2080——四編 119

京 2080 　　　　　　　四編 119

五、四編較《合集》《合補》有所補苴的拓片

1. 四編 1——合 35429

四編 1 雖不如合集拓片字口清晰,但邊緣殘字筆畫較清晰。

四編 1 　　　　　合集 35429

2. 四編 118——合 40221

四編 118 　　　　　合 40221

3. 四編 123——合 15225

四編 123 　　　　　合 15225

檢索表

一　《殷虛書契四編》材料來源表

四編號	合集號	合補號	其他著錄情況	現藏	備注
1	35429		尊10、歷1737、羅四5	歷史所	有綴合
2	22686部分	6959	京3223、北圖2744、續存補5.244.3、羅四6	北圖	
3	35443		京4996、北圖2791、羅四9	北圖	京4996來源表未記錄
4	35451		京4998、北圖2922、羅四10	北圖	北圖2922來源表未記錄
5	35457		京4999、北圖2823、南坊4.434、簠拓120、羅四11	北圖	
6	35368		京5005、鄴三下50.13、羅四20	北師大	
7	22728		京3236、北圖3053、羅四15	北圖	
8	32216		京3974、北圖5199、羅四19	北圖	
9	35517		京5006、北圖2766、羅四27	北圖	
10	36205		京5077、北圖2919、羅四94	北圖	
11					缺片
12	9387正反		京63(正)京64(反)、北圖2747正反、羅四26正反	北圖	缺反
13	35539		京5012、北圖2708、羅四29	北圖	
14	35745		綜述21.8、尊15、文攈485、歷1832、羅四206	歷史所	有綴合
15	35558	10967	京5014、北圖2776、羅四31	北圖	
16	32254	6833	京2994、北圖2897、羅四32	北圖	
17	27216		京4008、鄴初下34.9、佚410、北圖2737、羅四44	北圖	
18	35627		京5070、北圖2767、羅四53	北圖	
19	1881、1890		尊22、京719、歷91、羅四50	歷史所	
20	36321		京5087、北圖2698(不全)、羅四51	北圖	
21	35809		北圖2981、羅四55	北圖	
22	35823		京5041、北圖2752、掇二40、羅四56	北圖	
23	35841		京5042、北圖3836、羅四58	北圖	
24	35819	11023	尊37、京5043、歷1686、羅四57	歷史所	
25	36278		京5090、北圖2790、掇二41、羅四96	北圖	
26	35970		京5047、北圖2799、寧3.246、羅四63	北圖	
27	36010		尊29、歷1693、羅四65	歷史所	
28	35989		京5051、北圖2786、鄴二下40.13、羅四66	北圖	有綴合

續表

四編號	合集號	合補號	其他著錄情況	現　藏	備　注
29	36067		尊 36、京 5056、歷 1688、羅四 67	歷史所	
30	36143		京 5064、北圖 2844、羅四 70	北圖	
31	36137	11087	北圖 3011、羅四 69	北圖	
32			京 5067、北圖 3837、羅四 71	北圖	
33	19895		京 3039、北圖 2762、羅四 84	北圖	有綴合
34	27533		尊 41、歷 1394、羅四 85	歷史所	
35	35871		京 5046、北圖 2792、羅四 59	北圖	
36	3260、23554		京 2067（京 3720）、北圖 2797、羅四 100	北圖	
37 正反	8220 正反		尊 262 正反、文攟 395 正反、歷 456 正反、羅四 229 正反	歷史所	
38	35620		京 5017、北圖 2783、掇二 39、羅四 36	北圖	
39	5538		尊 141、文攟 402、歷 0436、羅四 347	歷史所	四編拓片注、對重表也注明
40	35612	10972	北圖 2777、羅四 35	北圖	
41		7633	尊 252、京 3344（京 3339）、歷 1364、羅四 144	歷史所	
42	25277	7571	慶甲 139、羅四 135	歷博	
43	38568		北圖 4477、羅四 133	北圖	
44	36872		尊 109、文攟 481、歷 1809、羅四 190	歷史所	
45	35662		尊 18、文攟 486、歷 1801、羅四 209	歷史所	四編、羅四拓片不全
46	36871	11257 部分	尊 108、文攟 482、歷 1833、羅四 192	歷史所	有綴合
47	35755		尊 24、京 5491、鄴三下 49.18、歷 1837、羅四 207	歷史所	有綴合
48	38818	12423	歷 1855、羅四 221	歷史所	
49					缺片
50	16113		尊 93、文攟 380、歷 201、羅四 122	歷史所	歷、文圖互補
51	15346	2745	京 1048　北圖 2921、羅四 112	北圖	
52	1952		京 731（京 2063）、北圖 2768、羅四 74	北圖	
53			羅四 158		
54	36017		京 5052、北圖 2780、羅四 64	北圖	
55	11383		京 1110、鄴二下 39.7、北圖 2960、羅四 175	北圖	
56	6147	1789 部分	北珍 772、羅四 102	北大	有綴合
57	1555	125	京 679、北圖 2751、羅四 43	北圖	
58	27886	1706	歷 1599、羅四 342	歷史所	
59	36361 上		綜述 21.2 上、尊 149、文攟 516、歷 1789、羅四 237	歷史所	
60	36571	11119	尊 148、文攟 514、歷 1784、羅四 238	歷史所	
61	5239 部分	1569 部分	尊 214、歷 465、羅四 224	歷史所	有綴合

續表

四編號	合集號	合補號	其他著錄情況	現　藏	備　注
62	5191	1526	尊 153、歷 477、羅四 234	歷史所	
63	27165		續 2.2.4、續存上 2014、北珍 2874、羅四 231	北大	有綴合
64	23752	7154	鄴二下 38.11、京 3474、北圖 278、羅四 230	北圖	
65		7249			
66	36675		尊 146、文攟 513、歷 1782、羅四 233	歷史所	拓片邊緣沒有其他拓片清晰,有綴合
67	5161 部分		羅四 232		有綴合
68	37416 部分		重博 29746、羅四 256、重慶三峽 17	重博	來源表記錄爲重博 14
69	10903 上		尊 158、文攟 415、綜述 21.3 上、歷 534、羅四 245	歷史所	有綴合
70	6541		尊 99、文攟 390、歷 309、羅四 268	歷史所	
71	36492		文攟 517、綜述 21.2、羅四 299		
72	6400		尊 102、文攟 394、歷 307、羅四 271	歷史所	
73	36430		尊 94、文攟 504、歷 1767、羅四 214	歷史所	有綴合
74	10095		尊 42、文攟 428、歷 1182、羅四 303	歷史所	
75		4537	尊 076、歷 0058	歷史所	
76			羅四 305　北圖 2930	北圖	
77	9986		尊 77、文攟 365、歷 539、羅四 304	歷史所	
78	33890	3533	歷 1549、羅四 315	歷史所	
79	2837		重博 29745、羅四 324、重慶三峽 3	重博	來源表記錄爲重博 15,原拓片合集選用
80			羅四 331		
81	12803	3787	北珍 1517、羅四 329	北大	有綴合
82	24664		京 3163(不全)、北圖 5195、羅四 330	北圖	
83	12024		尊 67、京 343、歷 1156、羅四 320	歷史所	
84		11637	尊 66、歷 1797、文攟 1493、羅四 337	歷史所	
85	7447		尊 104、歷 0295、羅四 291	歷史所	
86	5242		北圖 4462、哲 14、羅四 225	北圖	有綴合
87	8902		尊 78、歷 0041、羅四 415	歷史所	
88	15151		尊 176、歷 433、文攟 412、羅四 386	歷史所	
89	5029		京 2101、北圖 4593、鐵 90.2、羅四 77	北圖	
90	21636		尊 257、文攟 452、歷 1320、羅四 419	歷史所	
91	7061 正反		尊 160 正反、歷 401 正反、羅四 359 正反	歷史所	文攟 423、合補 1338 爲此片反,有綴合

續表

四編號	合集號	合補號	其他著錄情況	現　藏	備　注
92	6746	1938 部分	尊 98、文攈 392、歷 559、羅四 286	歷史所	有綴合
93	5760 正反		北珍 761、羅四 288	北大	四編、北珍、羅四缺反
94	7411		文攈 400、歷 303、羅四 283	歷史所	
95	24439		文攈 438、北珍 41、羅四 312	北大	
96 反	7216 正反		尊 136 正反、歷 808 正反、羅四 395 反	歷史所	四編 96 和羅四 395 均爲反
97	5777		尊 122、文攈 395(2)、歷 330、羅四 287	歷史所	
98	30212		尊 49、文攈 446、歷 1624、羅四 338	歷史所	
99	16997	4983	尊 239 正反、文攈 419、歷 578 正反、羅四 373	歷史所	合集、合補、四編、文攈、羅四均缺反
100	39467	10380	尊 256、歷 1766、文攈 512、羅四 423	歷史所	
101	15157		尊 181 正反、文攈 420 正反、歷 432 正反、羅四 396 正反	歷史所	缺反
102 正反	5576 正反		尊 115 正反、文攈 398 正反、歷 613 正反、羅四 167 正反	歷史所	
103	13474		尊 45、歷 617、羅四 382	歷史所	
104	30938		京 4337、北圖 2877、羅四 227	北圖	
105			京 3960、北圖 2891、羅四 22	北圖	有綴合
106	23696		京 3221、北圖 2825、羅四 413	北圖	
107	3417		京 2316、北圖 2773、鄴三下 49.7	北圖	
108	833		京 2350、北圖 4562、羅四 163	北圖	
109	10503		京 1479、掇二 19、北圖 2800、羅四 241	北圖	
110	4310		京 2179、北圖 2839、羅四 356	北圖	
111	18807 正反		羅四 388	故宫	缺反
112	4996,20314	1279	京 2186、北圖 2885、胡 434、羅四 355	北圖	有綴合
113	8589	4597	京 1253、北圖 2843、虛 1352、南博拓 832、羅四 236	北圖	虛 1352、南博拓 832
114			羅四 408		
115	15124	2236	京 928、北圖 2757、鄴二下 39.2、羅四 92	北圖	
116	6833		尊 134、京 2714、歷 14、羅四 276	歷史所	京津 2714,對重表記錄有誤
117	19146 正反		尊 142 正反、歷 337 正反、羅四 344	歷史所	缺反
118	40221		南坊 4.364、羅四 411		
119	3025、11430		尊 89、京 2080、鄴初下 42.7、歷 1063、羅四 371	歷史所	來源表爲四編（一）39
120	26847		京 3724、北圖 5196、羅四 412	北圖	

100

續表

四編號	合集號	合補號	其他著錄情況	現　藏	備　注
121		6177	尊156、歷880、羅四391	歷史所	
122	10240		京1490、北圖3838、羅四242	北圖	
123	15225		京959、羅四392		
124			尊234、歷F30、羅四429	歷史所	
125	18027	6161	尊221、京2846、掇二46、歷1067、羅四430	歷史所	
126			京4628、羅四431		
127			尊220、歷565、羅四367	歷史所	
128	38014		尊2、文攟457、歷1913、羅四439	歷史所	來源表只記錄歷拓12319
129	38003下		尊3下、文攟454下、歷1907下、羅四443下	歷史所	有綴合。來源表只記錄歷拓12251
130	38003上		尊3上、文攟454上、歷1907上、羅四443上	歷史所	有綴合
補遺		6365	尊235正反、歷825正反	歷史所	四編缺號,合補缺正

二 《甲骨文合集》《甲骨文合集補編》補充、糾正表

四編號	合集號	合補號	其他著録書號
1	合 35429		尊 10、歷 1737
2	合 22686 部分	合補 6959	續存補 5.244.3
3	合 35443		京 4996
4	合 35451		北圖 2922
5	合 35457		
7	合 22728		
8	合 32216		北圖 5199
9	合 35517		北圖 2766
12	合 9387 正反		
14	合 35745		尊 15、歷 1832
15	合 35558	合補 10967	
16	合 32254	合補 6833	
17	合 27216		北圖 2737
18	合 35627		北圖 2767
19	合 1881、合 1890		尊 22、歷 0091
21	合 35809		
24	合 35819	合補 11023	尊 37、京 5043、歷 1686
27	合 36010		尊 29、歷 1693
28	合 35989		
29	合 36067		尊 36、歷 1688
31	合 36137	合補 11087	北圖 3011
32			京 5067、北圖 3837
33	合 19895		京 3039、北圖 2762
34	合 27533		尊 41、歷 1394
35	合 35871		
37	合 8220 正反		尊 262、文攈 395、歷 456 正反
39	合 5538		尊 141、文攈 402、歷 0436
40	合 35612	合補 10972	
41		合補 7633	尊 252、京 3344（京 3339）、歷 1364

續表

四編號	合集號	合補號	其他著錄書號
42	合 25277	合補 7571	慶甲 139
43	合 38568		
44	合 36872		尊 109、文攟 481、歷 1809
45	合 35662		尊 18、文攟 486、歷 1801
46	合 36871	合補 11257 部分	尊 108、文攟 482、歷 1833
47	合 35755		尊 24、歷 1837
48	合 38818	合補 12423	歷 1855
50	合 16113		尊 93、文攟 380、歷 201
51	合 15346	合補 2745	
52	合 1952		北圖 2768
55	合 11383		北圖 2960
56	合 6147	合補 1789 部分	
57	合 1555	合補 125	
59	合 36361		綜述 21.2、尊 149、文攟 516、歷 1789
60	合 36571	合補 11119	尊 148、文攟 514、歷 1784
61	合 5239 部分	合補 1569 部分	尊 214、文攟 397、江西博 8 部分、歷 465
62	合 5191	合補 1526	尊 153、歷 477
64	合 23752	合補 7154	京 3474、北圖 2787
66	合 36675		尊 146、文攟 513、歷 1782
68	合 37416		重博 29746
69	合 10903 上		尊 158、歷 0534
70	合 6541		尊 99、文攟 390、歷 309
71	合 36492		
72	合 6400		尊 102、文攟 394、歷 307
73	合 36430		尊 94、文攟 504、歷 1767
74	合 10095		尊 42、文攟 428、歷 1182
75		合補 4537	尊 76、歷 58
77	合 9986		尊 77、歷 539
78	合 33890	合補 3533	歷 1549
79	合 2837		重博 29745
81	合 12803	合補 3787	
82	合 24664		北圖 5195
83	合 12024		尊 67、歷 1156
84		合補 11637	尊 66、歷 1797
85	合 7447		尊 104、歷 295

續表

四編號	合 集 號	合 補 號	其他著錄書號
86	合 5242		北圖 4462、哲 14
87	合 8902		尊 78、歷 41
88	合 15151		尊 176、歷 433
89	合 5029		北圖 4593
90	合 21636		尊 257、文攈 452、歷 1320
91	合 7061	合補 1338 反	尊 160 正、歷 401 正
92	合 6746	合補 1938 部分	尊 98、文攈 392、歷 559
93	合 5760 正		
94	合 7411		文攈 400、歷 303
95	合 24439		文攈 438
96	合 7216 反		尊 136 正、歷 808 反
97	合 5777		尊 122、文攈 395(2)、歷 330
98	合 30212		尊 49、文攈 446、歷 1624
99	合 16997	合補 4983	尊 239、歷 578 正
100	合 39467	合補 10380	尊 256、歷 1766
101	合 15157		尊 181 正、文攈 420、歷 432 正
102	合 5576 正		尊 115 正、文攈 398、歷 613 正
103	合 13474		尊 45、歷 617
104	合 30938		北圖 2877
105			京 3960、北圖 2891
106	合 23696		
108	合 833		北圖 4562
109	合 10503		北圖 2800
110	合 4310		北圖 2839
111	合 18807		
112	合 4996、合 20314	合補 1279	
113	合 8589	合補 4597	北圖 2843
115	合 15124	合補 2236	
116	合 6833		尊 134、京 2714、歷 14、歷拓 12203
117	合 19146 正		尊 142、歷 337 正
118	合 40221		
119	合 3025、合 11430		尊 89
119	合 11430、合 3025		尊 89、歷 1063
120	合 26847		
121		合補 6177	尊 156、歷 880

續表

四編號	合 集 號	合 補 號	其他著錄書號
122	合 10240		
123	合集 15225		
124			尊 234、歷 F30
125	合 18027	合補 6161	尊 221、歷 1067
126			京 4628
127			尊 220、歷 565
128	合 38014		尊 2、文攈 457、歷 1913
129	合 38003 下		尊 3 下、文攈 454 下、歷 1907 下
130	合 38003 上		尊 3 上、文攈 454 上、歷 1907 上
補遺		合補 6365	尊 235

三 《殷虛書契四編》甲骨綴合表

序號	綴合 綴合號	綴者	著錄號 合集號	合補號	其他著錄號
1	四編 1 英 2594	林宏明	合 35429		尊 10、歷 1737、歷拓 12309
2	四編 14 合補 12872 英 2508	門 藝 王恩田	合 35745		尊 15、文攟 485、歷 1832、歷拓 12326、歷拓 8961
3	四編 28 合 36004	方稚松	合 35989		京 5051、北圖 2786、鄴二下 40.13 珠 74
4	四編 33 合補 6915 合 22221 乙 8774 乙補 7394	白玉崢 持井康孝 常耀華 蔣玉斌	合 19895		京 3039、北圖 2762 蔡彙 385
5	四編 46 英 2530 正	蔡哲茂	合 36871 合 41771	合補 11257 部分	蔡綴 30、尊 108、歷 1833 金 578
6	四編 47 合 35397 合 35658 合 35896 合 38261	許進雄	合 35755		尊 24、京 5491、鄴三下 49.18、歷 1837、歷拓 12279
7	四編 56 合 6137	白玉崢 蔡哲茂	合 6147	合補 1789	歷拓 5853 契 26
8	四編 61 北圖 5051 合集 5243	蔡哲茂	合 5239	合補 1569	尊 214、文攟 397、歷 465、歷拓 12161　江西博 8 文攟 656 北圖 1901、文攟 523、考墳 229
9	四編 63 合集 27164	裘錫圭	合 27165	合補 10381	續 2.2.4、續存上 2014、歷拓 5854 鄴三下 40.4 不全、歷拓 1310

續表

序號	綴合 綴合號	綴者	著錄號 合集號	合補號	其他著錄號
10	四編66	門藝	合36675		尊146、文攈513、歷拓12322、歷1782
	合36694				續3.21.3、歷拓5566
11	四編67	桂瓊英	合5161		
	山博55				
12	四編69	曾毅公	合10903		文攈415、綜述21.3上、歷534
	尊158				
13	四編73	蔣玉斌	合36430		尊94、文攈504、歷拓12337、歷1767
	合40895				
14	四編81	王子楊	合12803	合補3787	歷拓6140
	合06366				
15	四編86	蔡哲茂	合5242		北圖4462、哲14、歷拓2416
	合10000				
16	四編91	蔡哲茂	合7061		尊160正、歷拓12115正、歷401正、文攈423
	合14151				合補1338
17	四編92	蔡哲茂	合6746	合補1938	尊098、文攈392、歷拓12218、歷559
	合19129				
	英1133		合39912		金496
18	四編105	林宏明			京3960、北圖2891
	合32168				鄴三下43.5不全、歷拓1432
19	四編112	蔣玉斌	合4996	合補1279	北圖2885、胡434
			合20314		京2186
	合20054				歷拓7767、山東1773
20	四編129+130	曾毅公	合38003		文攈454、歷拓12251、歷1907

四　甲骨著録書、拓本來源簡稱表

1. 甲骨著録書簡稱表：

簡稱	著　録　書
合	甲骨文合集(十三册),郭沫若主編、胡厚宣總編輯,中華書局影印本,1979—1982年
合補	甲骨文合集補編(全七册),彭邦炯、謝濟、馬季凡,語文出版社,1999年
鐵	鐵雲藏龜,劉鶚,抱殘守缺齋石印本,1903年
前	殷虚書契,羅振玉,影印本,1913年
後	殷虚書契後編,羅振玉,影印本,1916年
續	殷虚書契續編,羅振玉,影印本,1933年
虚	殷虚卜辭,明義士,上海別發洋行石印本,1917年
通	卜辭通纂,郭沫若,日本東京文求堂石印本,1933年
鄴初	鄴中片羽初集,黃濬,北京尊古齋影印本,1935年
金	金璋所藏甲骨集,方法斂,美國紐約,1939年
鄴三	鄴中片羽三集,黃濬,北京通古齋影印本,1942年
南坊	戰後南北所見甲骨録・南北坊間所見甲骨録五卷,胡厚宣,上海來薰閣書店石印本,1951年
寧	戰後寧滬新獲甲骨集,胡厚宣,上海來薰閣書店石印本,1951年
京	戰後京津新獲甲骨集,胡厚宣,上海群聯出版社影印本,1954年
續存	甲骨續存,胡厚宣,上海群聯出版社影印本,1955年
綜述	殷虚卜辭綜述,陳夢家,科學出版社,1956年
英	英國所藏甲骨集,李學勤、齊文心、艾蘭,中華書局,1985年
尊	尊六室甲骨文字,徐宗元,天津古籍出版社,1987年
續補	甲骨續存補編,胡厚宣,天津古籍出版社,1996年
歷	中國社會科學院歷史研究所藏甲骨文字,宋鎮豪、趙鵬、馬季凡,上海古籍出版社,2011年

2. 甲骨拓本簡稱表

簡稱	拓　本
文擄	甲骨文擄(曾毅公)
北大	歷史研究所藏北京大學舊藏甲骨文字拓本
北圖	北京圖書館藏甲骨文字拓本
羅四	殷虚書契四編(羅福頤)

續表

簡稱	拓　　本
重博	重慶博物館所藏甲骨拓本
歷拓	中國社會科學院歷史研究所藏甲骨拓本
南博拓	南京博物院所藏甲骨拓本
哲	北京大学原哲庵拓本
廣博	廣州博物館所藏甲骨拓本
曾拓	曾毅公甲骨拓本

圖書在版編目(CIP)數據

殷虛書契四編/宋鎮豪主編;馬季凡編纂.—上海:上海古籍出版社,2019.9
(中國社會科學院歷史所藏甲骨墨拓珍本叢編.第一輯)
ISBN 978-7-5325-9337-8

Ⅰ.①殷… Ⅱ.①宋… ②馬… Ⅲ.①甲骨文－拓片－圖集 Ⅳ.①K877.12

中國版本圖書館CIP數據核字(2019)第195632號

中國社會科學院歷史研究所創新工程項目

中國社會科學院歷史所藏甲骨墨拓珍本叢編(第一輯)

殷虛書契四編

宋鎮豪　主編

馬季凡　編纂

上海古籍出版社出版發行

(上海瑞金二路272號　郵政編碼200020)

(1) 網址: www.guji.com.cn
(2) E-mail: guji1@guji.com.cn
(3) 易文網網址: www.ewen.co

上海界龍藝術印刷有限公司印刷

開本889×1194　1/16　印張7.5　插頁4　字數234,000
2019年9月第1版　2019年9月第1次印刷
ISBN 978-7-5325-9337-8
K·2698　定價: 98.00元

如有質量問題,請與承印公司聯繫